QUANDO ER CORE DETTA

Raccolta di poesie in italiano e in romanesco

Alessandro Camilli

*Parte del ricavato sarà devoluto, come donazione volontaria,
al Gruppo LES italiano ODV*

Quando er core detta, è dedicato a chi è stato ispirazione, a chi ha contribuito con la sua presenza o assenza a rendermi quello che sono e a farmi appassionare alla scrittura.

Le parole sono dentro di noi, bisogna solo aspettare che escano fuori, come si aspetta il sorgere del sole dopo un tramonto.

SCRIVE 'N'EMOZIONE

Quant'è bello ride
ancora de più strappa' 'na risata
quanno vedi intorno a te
gente che in due sta' piegata

Pe' 'n aneddoto
o 'na barzelletta raccontata
pe' un'imitazione
o 'na battuta improvvisata

Me piace ancora de più
narra' ciò che sento in una rima
e magari fa' strigne er core
e dall'occhi fa' scenne 'na lacrima

Come ner cinema
quanno un attore comico
da' il suo meglio
nel ruolo più drammatico

Certo non posso non di'
a esse sincero
che il fragore de 'na risata
quanto te fa' senti' fiero

Perché la risata
pe' datte soddisfazzione
la devi vede'
non te po' basta' l'immaginazzione

Ma quanno poi
me ritrovo a scrive
a scervellamme a cerca' le rime
pe' trova' quelle più impegnative

A sposta' un verso
o 'na quartina
a corregge la sera
ciò che scrivo la mattina

Alla fine, però
quanno rileggo tutto
me chiedo spesso
ma come avrò fatto?

Se è 'na cosa simpatica
rido come 'no scemo
se invece è dedicata
scendono lacrime senza freno

E quanno de falle sentì
arriva er momento
de cuori e de complimenti
ne trovo in ogni commento

Ecco lì me sento appagato
e spero sempre de ave' l'occasione
che più che 'na risata
riesca a strappavve 'n'emozione!

ALL'AMICIZIA

Vent'anni fa è lì che inizia
tra du' coppie in viaggio
è cominciata st'amicizia
erano proprio i primi de maggio

Tra bagni e coca cola
sui lettini o sotto l'ombrellone
semo diventati 'na famija sola
insieme a 'na marea de persone

La conoscenza annava avanti
tra tornei e 'n'escursione
se semo trovati abitanti
pressappoco de lo stesso rione

'Sta conoscenza è cresciuta
è diventata amicizia
come 'na gioia ricevuta
portalla avanti è 'na delizia

Solo nel tifo semo separati
ma pe' tutti so' grosse pene
ma non se semo mai risparmiati
un abbraccio e un te vojo bene!

ANGELI IN CAMICE BIANCO

Ti alzi la mattina
è un altro giorno
ti prepari con la mascherina
pronti per un nuovo turno

Il tempo va veloce
alla gente bisogna ricordarlo
e voi con il camice
capaci anche di rallentarlo

Una cosa così, una pandemia
non s'era mai vista
voi sempre solerti in corsia
contro il virus antagonista

Tutto il giorno coperti da protezioni
con maschere cuffie e guanti
il viso segnato da escoriazioni
ma pronti a soccorrere tutti quanti

Chi fa' i doppi turni
chi gli straordinari
non si contano più i giorni
da quando non vedete i familiari

Sempre in prima linea attivi
rientra pure chi sta' in pensione
speriamo del corona la fine arrivi
siete l'orgoglio della nazione

State attenti siate cauti e fieri
lo dico io come l'Italia in coro
medici, sanitari e infermieri
siete tutti da medaglia d'oro!

L'ABBRACCIO

C'è un saluto
che non tutti famo
non è un tributo
e manco 'na stretta de mano

Se fa' a braccia aperte
fai tocca' er petto
t'appoggi sulla spalla
e te tieni stretto

L'abbraccio è qualcosa de vero
è qualcosa de forte
e più è stretto e più è sincero
e der core apre le porte

L'abbraccio lo devi da', non esita'
uno che sa' te lo dice
non te devi vegogna'
stai mejo dopo, che l'altro è felice

Penso a chi non lo po' da'
a chi non lo po' riceve o cede
a chi purtroppo solo sta'
o chi c'ha vicino e non lo vede

Un segreto te confesso
l'abbraccio è magico, lo sapevi
se deve usa' spesso
mentre lo dai in cambio lo ricevi

Chi ne ha avuto bisogno
sa' che po' fa' diventa' contento
a darlo io non me vergogno
perché so' quann'è er momento!

FESTA DEI NONNI

Tutti li abbiamo avuti
tranne alcuni meno fortunati
fin dall'inizio ci hanno cresciuti
e amati ancor prima d'esse nati

De noi se so' sempre preoccupati
guai se non je risponni
grazie a loro se semo nati
so' speciali e li chiamamo nonni

Sin da piccoli ci hanno viziato
sostituiscono i genitori
quanto ci hanno baciato e abbracciato
so' da premia' co' gli allori

Un peccato chi solo oggi li vo' ricorda'
vanno festeggiati tutti i giorni
che dopo è troppo tardi se sa'
e vòi che qualche attimo aritorni

Se li senti lamenta'
che oggi so' più stanchi
passali comunque a trova'
che dopo un giorno già je manchi

Ve auguro de avelli fino a cent'anni
finché ce stanno te li godi
perché pe' me più che nonni
posso dì, che so' angeli custodi!

LA FARFALLA

Durante la pausa caffè
quella de metà mattina
faccio capoccella pe' vede'
chi ce sta' fori dell'officina

Faccio un salto
pe' non acciaccalla
guardando per tera
ho visto 'na farfalla

Sembrava ferita
le ali ferme come fosse finta
j'allungo la mano
ce sale da sola senza la spinta

Moveva piano le ali
se vedeva che faceva fatica
addosso ancora un po' de seta
della crisalide che j'ha dato la vita

Cammino co' lei sulla mano
je guardo i colori vari
cor vento move veloce le ali
mettendo in vista i bei particolari

Faccio 'na foto
poi 'na ripresa
se lancia libera nell'aria
come 'n petalo de rosa

Sulle farfalle, 'na cosa se dice
oh, è fantasia mica scienza
che quanno se posano su 'na mano
so' angeli che fanno sentì la loro presenza!

Foto di Alessandro Camilli

L'abbraccio

NOZZE DI CRISTALLO

Vent'anni so' passati
da quel nostro 2 maggio
e noi da innamorati
iniziammo il nostro viaggio

T'ho conosciuta anni fa
eri 'na piccola fanciulla
invitandote a balla'
sbucandomi dal nulla

Mi colpirono i tuoi occhi
e il tuo sguardo così brillante
da far rimanere secchi
e colpiti lì all'istante

Facciamo spesso un viaggio
e passato qualche momento brutto
ma con la tua forza e il coraggio
io e te insieme affrontamo tutto

Vent'anni so' passati
stamo alle nozze de cristallo
e noi sempre più innamorati
grazie al nostro primo ballo!

LA PRIMAVERA

Mo' che i giorni sembrano uguali
te alzi la mattina co' 'n attimo è sera
li distingui dai numeri sui calendari
te fermi a oggi ch'è primavera

Dalle belle giornate
sembrava fosse già arrivata
ma mai come quest'anno
sarà da noi così apprezzata

Pe' 'r momento
se la godemo da dietro i vetri
dovemo da sta' ancora attento
ma finiranno 'sti giorni tetri

Torneremo ad abbracciasse
co' ancora le belle giornate
a fasse nuove promesse
tutti insieme davanti a le braciate

Apprezzeremo i fiori
che so' appena sbocciati
resteremo colpiti dai loro colori
del loro profumo saremo estasiati

Quant'è bella la primavera
se vede pure dalle persone
te pare che si allunghi un po' 'a sera
te torna er sorriso su 'na canzone

Spero de viverne ancora cento
come un sogno che s'avvera
io adesso so' più contento
ch'è arrivata 'a primavera!

AI TEMPI DER CORONA

Me sembra 'sti giorni de torna'
ai racconti de mi padre a cena
quanno a sentillo racconta'
me veniva in mente 'sta scena

Certo se ce vai a ripensa'
a quei tempi a malapena
quanno se doveva scappa'
c'era er sono de 'na sirena

Mo' invece guardamo 'sta realtà
a causa de 'sta quarantena
nun sapemo quanno finirà
pe' 'sto virus chiamato corona

'Sto clima che se poteva ammira'
solo nei film americani
adesso lo stamo a vive qua
sulla pelle de noi italiani

Noi che nei momenti de difficoltà
tiramo fori er nostro mejo
e quanno se tornerà alla normalità
sarà superato pure 'sto scojo

Mo' co' 'n po' de sole sembra agosto
quann'esci e la città pare deserta
pure a parcheggia' trovi posto
ma poi te rendi conto che è l'allerta

La tv mette i brividi a sentilla
tanta gente però nun je da' retta
se spera ancora de cambialla
de non anna' a corre o in bicicletta

Quello che so' sicuro che finirà bene
anche se non sarà domani
perché semo un gran popolo
perché semo grandi noi italiani!

ARRIVEDERCI SETTEMBRE

Sentì le gocce su la tapparella
la domenica mattina
pensi a 'na giornata meno bella
ma te fa' gusta' 'a copertina

Te ne stai a anna' settembre
coda calda del bell'agosto
s'allungheranno un po' le ombre
e pe' l'estate, nun c'è più posto

Pure li gabbiani stanno fermi
pareno infreddoliti lì sopra li tetti
nun vanno manco a caccia de vermi
pe' stassene rannicchiati e belli stretti

Inizieranno a casca' 'e foje
ad allungasse le nottate
ma è er tempo preferito da mi moje
caldo e estate, cose passate

Volemo er freddo quanno è callo
'na dichiarazione un po' da pazzo
scusate se me ostino a dillo
ma a noi 'n ce va' mai bene un cazzo

Nun vojo er callo dell'estate
quer sole che te brucia
vojo però le lunghe giornate
co' la gente che fino a tardi vocia

Mentre co' la pioggia se rattristamo
poi cor vento, che te 'o dico?
ce da' l'acqua è vita e un po' l'amamo
pure se ce bagna der piede l'urtimo dito!

T'AVREI VOLUTA AVÉ

T'avrei voluta vede'
coi capelli color argento
solo pe' sta' co' te
ancora quarche momento

T'avrei voluta vede'
coll'argento tra i capelli
solo pe' sta' co' te
nei momenti miei più belli

T'avrei voluta vede'
cresceme 'n artro po'
perché er tempo co' te
è durato poco lo so'

T'avrei voluta vede'
contro 'sto destino
perché io senza de te
ce so' rimasto da regazzino

T'avrei voluta ave'
pe' pote' sentimme dì
"Quant'è bravo mi fijo…è ve'?"
poi 'n abbraccio pe' finì

T'avrei voluta ave'
invece de anna' lassù
perchè da quanno 'n ce stai più te
manchi 'gni giorno de più!

IL BALLO

Io iniziai
che ero ragazzino
non spontaneamente
ma spinto fino all'urtimo gradino

Ma nun sapevo certo
che iniziando quer cammino
d'aritrovamme un giorno
cor ballo nel mio destino

Il ballo a le coppie
le fa' uni' o le fa' scioje
a me ancora de più
m'ha fatto conosce mi moje

Il ballo
è quell'insieme de movimenti
che singolo o a coppia
la musica più che ascolta' la senti

È una delle attività fisiche
più complete
te fa' move tutto il corpo
la testa le gambe e pure er piede

È quell'armonia
dei corpi che creano
il sincronismo nella coppia
che quando ballano pare che volano

Il ballo è sacrificio
è allenamento
pói balla' un ballo veloce
sopra a un ritmo lento

Un po'
come facevamo noi
che su 'no slow fox
ce ballavamo il samba o 'r jive

A bordo pista er borotalco
o lo straccio bagnato
se la pista non era liscia
O se eri già scivolato

L'omo porta e avanza
la donna retrocede
avemo smesso de conta'
quante acciaccate de piede

Il ballo unisce o divide
ma io auguro de core
de trova' come me
grazie al ballo, anche l'amore!

ER MARE

Arrivo a Ostia de bon'ora
e in pochi istanti
me so' ritrovato
co' 'r mare lì davanti

Giornata grigia
er sole se portava via
quarche goccia de pioggia
nun m'ha impedito a fa' 'na fotografia

Sembra de sta' in inverno
è stato il mio pensiero
ma ero affascinato
da quel flusso leggero

Quello sciabordio lento
sovrastava qualsiasi altro rumore
me 'ncantavo al suo movimento
potevo sta' lì a guardallo pe' ore

Quella debole corrente
generata dalla brezza
fa ferma' l'onda sullo scojo
che pare quasi che l'accarezza

La sabbia sotto le scarpe
quella dell'urtima mareggiata
scenne dal marciapiede
fin dentro la carreggiata

Che bello pistalla
e lasciarsi andare
me giro un urtimo sguardo e
penso a quant'è bello er mare!

SAN VALENTINO

È la storia de 'na vita
iniziata anni fa
me ricordo come fosse ieri
de quanno m'hai voluto bacià

Se semo conosciuti
poco più che ragazzini
eravamo solo amici
ma grazie al ballo, tanto vicini

Me ritrovai de te innamorato
te, manco me guardavi
m'accontentavo de quer poco
co' la speranza che cambiavi

Quer momento poi è arrivato
me sembrava de sogna'
da quer bacio tra noi scambiato
ad oggi e spero fino all'eternità

Non se semo persi un giorno
momenti belli e anche meno
abbiamo condiviso tutto
senza mette niente a freno

C'è solo da ammira'
pe' quello che tu fai
e ogni giorno me fai innamora'
pe' quella che tu sei

Non serve oggi pe' festeggia'
perché 'st'amore è come lo descrivo
e chi ce conosce
lo sente respira' pe' come è vivo

Un continuo di emozioni
insieme quanto abbiamo viaggiato
te porterei in capo al mondo
pe' dimostra' quanto so' innamorato!

A MIO PADRE

Ce passo spesso
all'orto, che geloso che eri
l'insalata che hai messo
è più bella de ieri

Tu nun l'hai vista
ma s'era bruciata
la stava a frega'
'na mezza gelata

Mo' s'è ripresa
e c'è chi la cura
ma questa distesa
senza te fa' paura

Te vedo ogni dove
de 'sto pezzo de tera
te 'n'annavi alle nove
ma ce facevi lì sera

Al garage l'attrezzatura pare t'aspetta
tutto com'era 'n peccato spostalla
ma scappo richiudo che vado de fretta
tanto ritorno che devo toccalla

Apro il portone davanti la grata
la luce del vetro specchia la strada
coll'ombra m'affaccio dalla grande vetrata
te cerco seduto che guardi l'entrata

T'immagino lì
sulla poltrona in cucina
che m'aspetti pe' pranzo
sotto 'na copertina

Ma è 'n'illusione de un fijo
che nonostante l'età
nun s'è rassegnato
d'avette perso, papà!

'NA STRETTA DE MANO

In questo periodo
ve confesso che 'na fatica faccio
a trattene' 'na stretta de mano
o resiste a 'n abbraccio

Pe' me che 'na stretta de mano
vale più de 'na firma
me devo concentra'
parecchio pe' tenella ferma

Concentrasse de 'sti tempi
co' 'n faccia 'a mascherina
nun è semplice, se riesce
forse 'n po' de prima matina

Come incontro quarcuno
parte diretta
a cerca' dall'altra parte
la gemella pe' la stretta

Quanno dirimpetto
er gomito piegato me vado a trova'
me rendo conto
der momento che stamo a attraversa'

Me prenne ancora peggio
me fa' sentì 'no straccio
si penzo che oltre a la stretta
devo rinuncia' puro a 'n abbraccio

Quanno me pijano
'ste strane voje
faccio presto
e vado a abbraccia' mi moje

Il fatto però
va a diventa' strano
è che quanno entro a casa sbajo
e je chiedo 'na stretta de mano!

LA ROSA SILVANA

Te che a 'ste rose
ce tenevi tanto
io co' addosso la paura
de pote' sbaja' er momento

E benché fosse gennaio
la so' riuscito a sarva'
presi de corsa un vaso
pe' potella ripianta'

E mo' che ha sbocciato
dopo che so' riuscito a sarvalla
ne ho raccorta una
e da te vengo a portalla

Me sembra strano
ancora spesso non me sembra vero
anche se so' passati tanti anni
m'è rimasto de portatte un fiore ar cimitero

Me riconsolo se penso
che co' te ce sta' papà
è soprattutto merito suo
se 'sta rosa oggi te vengo a porta'

Ne aveva piantate altre
quarcuna s'è seccata
ma questa che era l'urtima
annava pe' forza sarvata

E come ar compleanno
o la ricorrenza de quanno te ne sei andata
è la Festa della Mamma
quella che più m'è mancata

E 'sta rosa dar colore così unico
e dar profumo che emana
da oggi che ha risbocciato
j'ho dato er nome tuo, Silvana!

LA LUNA

Sei bella luna
bella da ammira'
e la tua bellezza inizia quando
il sole va a tramonta'

Tranne
che ogni tanto
appari de giorno
come per incanto

Nelle eclissi poi
sei di più, quasi sfacciata
copri il sole
e aspetti de esse immortalata

C'è chi la chiede
chi la promette farsa
chi c'ha la faccia uguale
o di traverso appena s'arza

E sì perché su de te
ne hanno scritte di poesie
perso il conto de quante
te n'ho fatte de fotografie

Bella quando appari
sia se sei nuova o piena
de quarto o co' la gobba
sia de faccia che de schiena

Risplendi
de luce riflessa
cambi ogni giorno
ma sei sempre la stessa

Stavorta ho provato io
a darti una descrizione
a te che ogni giorno
appari lassù irraggiungibile destinazione!

'A FELICITÀ

Esse felice al giorno d'oggi
è cosa assai ambita
rischi che 'n te ne accorgi
che già te scappa da' 'e dita

La felicità po' esse come
un granello de sabbia
che riesce a fatte sopprime
quell'attimo de rabbia

Magari è in un abbraccio
che te fa' uscì da quella gabbia
che la vita ha chiuso a catenaccio
senza che nessuno lo sappia

La felicità te fa' torna' bambino
sta' in qualcosa di inaspettato
è negli occhi di chi ti sta' vicino
o in un sogno tanto desiderato

Non deve passa' giorno
senza esse felice
nun deve arriva' sera
senza che nessuno sorride

La felicità bisogna cercalla
se nun sai dove vede'
o nun sai dove trovalla
prova a cerca' dentro de te

Perché 'a felicità nun te bussa
alla porta de casa
d'altronde lo diceva pure Trilussa
"La felicità è 'na piccola cosa!"

L'ESTATE

Eccola l'estate
l'aspettavamo è arrivata
s'allungano le giornate
calda la serata

Sei venuta come niente
così senza far rumore
e a tutta la gente
je metti er buonumore

Me ricordo da regazzino
lungo er viale
quer profumo de gersomino
che della scola dava er finale

L'estate è anche cosa seria
c'è chi fa' l'esami
de terza media
o pe' prenne li diplomi

Certo il sole la callara
però è insopportabile
fontanella cosa rara
pe' 'n po' de acqua potabile

È la stagione der mare
della tintarella
c'è il gelato da assaggiare
e la festa co' la bancarella

Le cene all'aperto
in bella compagnia
canta' in qualche concerto
e serate in allegria

È la stagione più colorita
più bella de tutto l'anno
pe' me è la preferita
perché c'è pure, il mio compleanno!

L'ISPIRAZIONE COSÌ DE BOTTO

Oggi penna in mano
me sento come un fiume in piena
nun me vorrei ferma'
ma m'aspettano pe' cena

Scrivo su pezzi de carta
de solito uso la tastiera
ho usato tutti li scontrini
c s'è fatta quasi sera

Eppure nelle marche
c'ho appena messo piede
che ho staccato la spina però
già se vede

Un tavolo co' du' sedie
davanti al nostro appartamento
traspaiono nel grande giardino
ma a me m'hanno colto sur momento

M'hanno smosso posso dì
de botto l'ispirazione, è fatta
nun posso fa' altro che copia' a penna
ciò che er core poi me detta!

Foto di Alessandro Camilli

La Farfalla

FINIRÀ

Nun so' quanno accadra'
che torneremo a fa' assembramenti
certo quando tutto finirà
saremo noi i più contenti

Ma non se potemo scorda'
de tutti 'sti momenti
che 'r coronavirus c'ha fatto passa'
ogni giorno aggiornamenti

De chi se ammala o guarirà
o de chi c'ha miglioramenti
con la speranza che terminerà
e uscì de casa senza "documenti"

Ce torneremo ad abbraccia'
co' 'n po' de cambiamenti
saremo diversi da mesi fa
migliori so' sicuro nei sentimenti

Spero niente più falsità
e nessuno se lamenti
che ci sia meno avidità
e che la gente si accontenti

Quando tutto riprenderà
credo che tutto meglio diventi
che ci sia più civiltà
e non si resti indifferenti

E quando se tornerà alla normalità
de esse usciti da 'sti tormenti
finalmente lo si capirà
più del virus, era della bilancia da sta' attenti!

PASQUETTA

Nun capita mai
lo stesso giorno
però ogni anno
de lunedì segna il suo ritorno

È il giorno dell'angelo
conosciuto come Pasquetta
segue la festa de resurrezione
dopo de lei la cinta sta' più stretta

È la prima festa
dall'inizio della primavera
la cominci ad assapora'
quanno a Pasqua arriva 'a sera

Puntualmente
pare fatto apposta
ce pòi scommette
la pioggia è lì che aspetta

I ricordi
delle belle scampagnate
co' cugini o amici
le Pasquette insieme passate

Sui prati in pineta
co' le teglie de lasagna
fortunati se qualcuno
'na casa c'aveva in campagna

Chi portava er pane
chi la carne cor carbone
chi metteva da beve
cosa immancabile er pallone

Dopo tutto
prima della rincasata
te finivi de magna'
la roba ch'era avanzata

E quanno era er momento
de anna' via
me prenneva dentro
'n po' de malinconia

De 'na giornata passata insieme
benché colmo de stanchezza
alla fine, toccava a me
carica' er sacco de 'a monnezza

Se organizzava mesi prima
adesso pure ma vòi mette?
quelle de 'na vorta
quelle sì che erano Pasquette!

L'ELETTRICISTA

Elettricista
non ce so' nato
grazie alla scola
che ho 'ncominciato

Non sapevo niente
ero 'mpacciato
ma coll'esperienza
bruciafili so' diventato

'Sto lavoro
m'ha sempre più appassionato
prima Scintilla poi Trifase
m'hanno soprannominato

È un lavoro
che me da' soddisfazione
quanno trovo un guasto
o che do' tensione

Me da' i brividi
mette le mani nella corrente
pe' sta' più sicuro
ce metto er nastro isolante

Er neutro co' le fasi
devo cercalle
ma le schicchere
quelle sì che ho smesso de contalle

È un po' da cojone
lo ammetto certo
ma la mano va a finì
sempre 'n do er filo è scoperto

Faccio la tubazione
dei fili fo' 'r collegamento
cablo er quadro
chiudo è alimento

Co' le forbici e cacciaviti
er cercafase sempre in vista
spero che pe' tutta la vita
riesca a esse un bravo elettricista!

19 MARZO

C'è chi è più fortunato
c'è chi non lo sa'
ce l'ha da quand'è nato
e lo po' chiama' papà

C'è chi lo ricorda in questo giorno
alle sojie de 'a primavera
ma è grazie a lui che stai ar monno
e t'ha dato 'a vita intera

Io e qualche amico
non semo così fortunati
scusate se ve 'o dico
ma tutti i giorni vanno amati

Certo mo' pe' ognuno
il proprio er mejo sarà
ma mai, mai nessuno
t'amerà come 'n papà

Chi c'ha la sfortuna
de nun avello più
abbasta guarda' la luna
e immaginasselo laggiù

Il mio ormai non ce sta' più
in cielo tempo fa è volato
me piace immaginammelo lassù
co' mi madre che l'ha richiamato!

I VALORI

Beato te che fortuna che c'hai
quante volte l'avemo sentito
ma dell'altro che ne sai
nun je pòi mica punta' er dito

Ognuno vive 'na pena
che la nasconde co' 'n sorriso
parole dette dietro la schiena
pe' 'n cattivo gioco e fa' bel viso

Invece se deve chiede come stanno
de imparasse ad ascolta'
magari tutto bene te diranno
anche se dentro non è la verità

Mettete i panni dell'altro
prima de parla'
vivi la sua vita
e la voja te passerà

Ce deve esse più rispetto
pe' l'artri, pe' 'r prossimo
questo c'hanno sempre detto
ma c'è chi pensa all'orto suo ar massimo

Spero sempre che s'avveri
che ce sia un cambiamento
che se ritorni a certi valori
appena sarà er momento

A quei valori che sin da piccoli
c'hanno insegnato
perché a fa' der bene
nun è stato mai un peccato!

29 APRILE

Me chiedo sempre
a come sarebbe stato
se ce fossi stata te
tutto a 'sto verso sarebbe annato?

Oggi te direi
no, fermate a Ma'
ma pure ar compleanno tuo
te metti a impasta'?

Dai lascia tutto, annamo fori
annamo a pranzo e fa' venì chi vòi
mo' ar ristorante ce se va più spesso
e poi stavorta, te l'offrimo noi

E durante er festeggiamento
te prenderei in giro sur dialetto
poi farei ciò che er tempo non m'ha dato
te strignerei forte ar petto

Me diresti
"Fermo nun me strigne bello de mamma
me fai venì l'affanno
aricordate che c'ho l'asma!"

E pe' 'na vorta
che vòi che sia
è che me manchi tanto
da quanno te ne sei annata via

Me sei mancata
quanno so' annato a fa' 'r sordato
quanno ho conosciuto mi moje
quanno all'altare non m'hai portato

Penso a come sarebbe stato
ogni cosa che faccio de bello
e magari continua' e finì
quarche artro nostro ballo

Sarebbero stati 80 mica poca cosa
ma a 48 c'hai dovuto lascia'
faccio vola' du' petali de rosa
e aspetto che ner sogno me vieni a accarezza'!

LE ORME

Le orme
del percorso della vita
leggere nella discesa
pesanti lungo la salita

Orme
allungate di un passo saltato
meno lontane
se il passo è ravvicinato

Orme scavate
se ti sei trovato a correre
più delicate
se il silenzio non vuoi rompere

Orme sulla spiaggia
che arrivano fino al mare
orme che l'acqua
è pronta a cancellare

Orme
lasciate ad ogni passo
che segna il tempo
o di lui un lasso

Non sapremo
di chi è quella che ci precede
ma riconosceremo la nostra
che sia della mano o sia del piede

L'orma
che per sempre resterà scolpita
ci ricorderà di quel passo
Anche quando la memoria sarà sbiadita!

ER RISPETTO

Mi padre co' mi madre
m'hanno insegnato
più de tutti un valore
che dev'esse considerato

Sin da piccolo
m'hanno detto
a regazzi'
'a prima cosa è 'r rispetto

Cor tempo lo riceverai
ma adesso va dato
da grande lo capirai
ch'er rispetto va portato

Io timido e vergognoso
rispettavo a bassa voce
nessuno me sentiva
e rischiavo de anna' in croce

Cor tempo ho capito
che co' 'r rispetto e l'educazione
vivi più sereno
co' dell'artri la soddisfazione

Purtroppo, de 'sto valore
s'è persa un po' l'attenzione
specie andando avanti
co' la nuova generazione

Noi agli adulti
je dovevamo cede er posto
a chi ci insegnava
je dovevi da' del lei ad ogni costo

C'è chi non lo da'
però lo pretende
dovrebbe da impara'
da chi er rispetto ce l'ha da vende!

IL TIRO A VOLO

Ognuno nel proprio hobby
cerca una sfida, quasi un duello
nel mio consiste
prendere al volo un piattello

Spunta da ogni lato
di colore arancione
per colpirlo
serve molta precisione

Calcio e canne di adeguata lunghezza
occhio sul mirino e sulla volata
regolare con gli strozzatori
l'ampiezza della rosata

Selezionare le munizioni
dal piombo spezzato
cartucce colorate
col fondello lucido e dorato

In rastrelliera fucili automatici
doppiette e sovrapposti
in attesa che in pedana
si liberino i posti

Quando tocca a me
sale la concentrazione
alla fine, è sempre un'arma
non è ammessa alcuna distrazione

Carichi, chiami
parte il dischetto
uno, due colpi
e il rinculo sul petto

È quello
che mi da' più emozioni
sentire sulla spalla
lo scarico delle vibrazioni

Sale ancora di più l'emozione
se nel tiro non sbaglio
c'è più soddisfazione
se colpisco al volo il bersaglio!

LE MARCHE

Come ogni anno
ci risiamo
è il terzo agosto
che ci torniamo

Da un po'
abbiamo dei nuovi amici
loro so' più fortunati
le possono gira' in bici

Qui ovunque guardi
tutto è natura
dove si respira
quell'aria ch'è più pura

Pianure e colline
so' tutte lavorate
le vedi dalla strada
sembrano pettinate

Quadrilateri o spicchi
salite oppure discese
il verde delle coltivazioni
affianca il marrone della maggese

Paesi e borghi
de invidiata bellezza
so' de 'sta regione
un'infinita ricchezza

Se è vero che per mano di Dio
è avvenuta la creazione
il massimo l'ha dato
quand'ha fatto 'sta bella regione

Che qui se sta' bene
non è più un segreto
c'è il mare, i laghi, i monti
e il santuario de Loreto

Quando vieni in questa terra
senti che non te manca niente
te sembra de sta' a casa
pe' quanto affetto te da' la gente

Il dialetto poi
così genuino
lo conosco bene
lo sentivo già da ragazzino

Perché nel secolo scorso
da qui partirono in tanti
pe' raggiunge Ostia
e lavora' come braccianti

Penso che alla fine
non sarà solo un'idea mia
ma 'na regione più bella delle Marche
non credo proprio che ci sia!

IL GIORNO DEL RICORDO

Non s'era neanche iniziato
di contare i morti della guerra
che altri massacri
colpirono la nostra terra

Su nella parte
Friuli veneziana
estesa verso la Dalmazia
compresa la zona Istriana

Dove
un altro dittatore
si accanì contro quella gente
cacciandoli dalle loro dimore

Civili e militari uccisi
persone torturate
fucilati o feriti
nelle foibe poi gettati

Chi è riuscito
fortunatamente a salvarsi
tornò nelle loro terre
originarie a rifugiarsi

Anche questa è una brutta pagina
che la storia ci ha dato
e come sempre
non solo oggi va ricordato

Perché per me
le dittature e chi le impone
non hanno colori
e non faranno mai anche cose buone

C'è chi purtroppo per comodo
forse perché corto di mente
ricorda solo questo giorno
invece dell'olocausto, fatalità non scrive mai niente!

QUEL SI' DE 54 ANNI FA

Quel sì de 54 anni fa
coronava il vostro amore
grazie a voi che oggi sto' qua
portandovi sempre dentro al cuore

Al destino
che è stato avverso
je avrei chiesto se il cammino
poteva esse 'n po' diverso

Una vita de sacrifici
lavora' sette giorni su sette
qualche cena con gli amici
e un'infinità de ricette

Le domeniche a Nettuno
dove anni fa eri nata
de anniversari solo ventuno
poi in cielo sei volata

Chissà quanto ce pensavi
a quelle nozze d'argento
magari ancora ce stavi
pe' condivide qualche momento

Me riguardo un film muto
e qualche foto bianca e nera
me immagino a chi lì seduto
a fa' l'auguri tra la gente che già c'era

Mo' che non ce state più
e oggi che è l'anniversario
ve mando un bacio fin lassù
ogni giorno der calendario!

PAPÀ

Un altro anno
è passato
da quanno senza de te
in poco tempo me so' ritrovato

La vita
co' te almeno
m'ha dato modo
de viverti senza freno

Spesso
coi ruoli invertiti
e so' i ricordi più belli
dei momenti insieme vissuti

M'hai insegnato
cos'è il rispetto e l'onestà
a esse del prossimo disponibile
esse leale e a dì sempre la verità

La macchina e il furgone
m'hai insegnato a guida'
ancora ragazzino quanno
col fucile m'hai fatto spara'

Tu papà, non eri come gli altri
tu a noi mai ce strillavi
le cose che dovevo capì
a me, me le spiegavi

Vorrei ancora ascorta'
quei consigli quei 'nsegnamenti
ma ormai so' quattr'anni
sembrano pochi ma pe' me so' tanti

Gli aneddoti
e i racconti della guera
da ascorta' a tutte l'ore
e l'inverno facce sera

Portatte allo stadio
a vede' la Roma
sperando ogni vorta
che quella fosse l'annata bona

Lì la differenza d'età
sembrava nun ce fosse
quanno ad ogni gol
c'era la gioia de abbracciasse

Sembravi un bambino
quanno te guardavo
e con lo sfondo la curva sud
de nascosto te fotografavo

sei venuto
pure a fotografa'
gli aerei
che stavano a attera'

Sembravi un professionista
co' ar collo la macchinetta
non immaginavo che quella foto
un giorno sarebbe stata da tene' stretta

Venivi ovunque
quanno stavi co' noi
e già sapevi che
se pranzava insieme poi

A chi te conosceva
bei ricordi hai lasciato
e quanno parlo de te
de orgoglio er core me s'è gonfiato

Te sogno spesso
e questo me dà serenità
perché vive senza de te
non è stato pe' niente facile, papà!

SETTEMBRE

Settembre, sempre
a braccia aperte t'aspettamo
come ogni anno però
un po' titubanti te salutamo

Perché ce segni
la fine dell'estate
finalmente un po' de fresco
dopo quelle forti scallate

Ce darai
quarche colpo de coda
giusto pe' facce ricorda'
che co' te ancora se suda

Ce porterai
la pioggia e qualche temporale
speriamo senza subì danni
e che tutto resti tale

Er sole pare fa' fatica
quanno se deve arza'
poi però quanno scenne
nun vede l'ora de tramonta'

E aspetta 'n artro po'
sta' ancora un po' sospeso
continuace a scalda'
che te costa sta' ancora acceso

Le giornate purtroppo
se accorceranno
mentre le notti
più lunghe se faranno

È er tempo suo
l'estate finisce cala er sole
i ragazzi so' 'n po' più tristi
perché cominciano le scole

Ce porti l'autunno
stagione dai colori belli
speriamo che insieme a le foje
nun ce cascheno puro i capelli!

CERTI POSTI

Non sempre
me piace torna'
nei posti che ho già visto
o che so' annato a visita'

Ma come sempre
ce sta' 'n'eccezzione
de torna' a rivede'
'sta bellissima reggione

Me chiedo com'è
che 'n c'ho pensato prima
a venì a ammira' 'sti paesaggi
dalla collina più alta lassù in cima

Se ce metto pure
che nuova amicizia c'è nata
da tempo qui
l'estate è prenotata

Me vado a rivede' posti
ne aggiungo nuovi alla collezione
così 'st'artr'anno a rivedelli
c'avrò i brividi dall'emozione!

Foto di Alessandro Camilli

La rosa Silvana

PASSERÀ

Passerà
e sarà ancora più bello
torna' alla normalità
e torna' a da' la mano a 'n fratello

Anda' a fa' la spesa
o al centro commerciale
a pensacce sembra 'n impresa
e abbastanza surreale

Passerà
e sarà migliore
sperando ancora de ascolta'
de qualcuno le doti canore

Festeggia' i compleanni
quelli rimasti sospesi
quanno usciremo da 'sti affanni
ancora una volta illesi

Passerà
e saranno momenti più emozionanti
quanno se potranno butta'
sia la mascherina che i guanti

Torna' a dialoga'
un po' meno distanti
ma soprattutto abbraccia'
chi ce starà davanti

Passerà
e sarà ancora più bello
io spero presto de torna'
in pedana a spara' a qualche piattello!

ER NASONE

A Roma
c'è un'istituzione
che nun è né er Colosseo e né San Pietro
è la fontanella chiamata nasone

Le trovi in ogni via
in ogni angolo della città
ce ne stanno in tutto il mondo
ma le più caratteristiche stanno qua

Ce pòi beve
dar beverino
l'attappi cor dito
e co' la bocca je vai vicino

Ce pòi beve
co' le mani a conchetta
ma se nun sei pratico
te ce pòi riempi' solo 'a bottijetta

In tutti i modi
te ce pòi disseta'
ma pe' beve
davanti a lui te devi inchina'

Er simbolo de Roma
SPQR davanti porta fiero
dritto come un soldato
del grande romano impero

Ce dà acqua
ininterrottamente
l'ha sempre offerta
nun c'ha mai chiesto gnente

Solo quanno volevi fa'
un po' lo sgacione
facenno capì de offrì da beve dicevi
annamo ve porto tutti dar Nasone!

NOZZE DI ROVERE

Se un giorno
dovessi raccontare
e spiega' che cos'è
per me l'amore

Di sicuro gli rispondo
facendo subito il tuo nome
e parlerei
dei nostri anni insieme

Oggi sono ventun'anni
de convivenza
e quasi ventotto
che de te non posso fa' senza

Ventun'anni de matrimonio
da quel 2 maggio là
semo arrivati fino a oggi
innamorati pe' l'eternità

Appena esco la mattina
già sento la mancanza
penso a quanto è lunga la giornata
senza la tua presenza

Me consolo
a pensatte spesso
me sembra de sta' mejo
ma poi non è lo stesso

E se un giorno mi chiedessero
cos'è che te fa' batte forte er core
j'arisponno col tuo nome
unico mio grande amore!

DAL DENTISTA

Ogni vorta
'n'emozione forte me viene
che sia pe' 'n otturazione
o che sia pe' 'n'igiene

Spazienta' pe' trova' posto
pe' parcheggia' la vettura
è niente
rispetto a ciò che t'aspetta, a la tortura!

Eppure
ce vengo ormai da anni
ogni tanto
pe' ripara' li danni

Dovrei esse abituato
la bocca a spalanca'
ma quanno ho finito
la mandibola pare me va' casca'

Mo' pe' fortuna
ce vengo raramente
ma prima
du' vorte a settimana era frequente

Me ricordo
che pe' quanto ero abituato
un paio de vorte
a bocca aperta me so' addormentato

In sala d'attesa sto' a mio agio
leggo de tutto, provo a nun pensa'
ma poi dal corridoio piano piano
la poltrona me vedo avvicina'

Quando entro e...
vedo quel riunito
prego e vorrei
che fosse già tutto finito

Seduto poi sdraiato
la luce in faccia puntata
ultrasuoni fresa e aria
"Ma 'n poteva finì mejo 'sta giornata?"

Che sia mesiale
o che sia distale
"Dotto' nun prenne er trapano
che me sento male!"

De mattina
de pomeriggio o de sera
quante vorte
c'ho dovuto passa' 'na giornata intera

Me viziavano
co' coca cola e pasticcini
spesso pure er caffè
tutt'offerto dallo studio Conti Savini

Hanno fatto i miracoli
pe' risana' la mia bocca
Dottori e assistenti
guai a chi me li tocca

So' persone speciali
che il loro lavoro sanno fa'
e io 'gni vorta che magno
nun posso fa' artro che dovelli ringrazia'!

TRE ANNI SENZA DE TE

Tre anni senza de te
sembra ieri
ma ieri non è
e c'è de annacce fieri
de ave' avuto un papà come te
ma poi se diventa seri
se penso che 'n te potemo più vede'
e fin quando c'eri
una spalla avevo per me
ascoltare i tuoi pareri
davanti a 'n pranzo o 'n caffè
m'hai insegnato i valori veri
e a come potelli mantene'
a esse sempre boni e sinceri
a costo da rimettece, ahimé
eri il migliore dei guerrieri
ma poi il destino chissà perché
ha deciso a pieni poteri
de dove' raggiunge mamma e vabbe'
spero almeno in sogno che s'avveri
de strilla' ancora insieme Roma ale'!
Ciao Papà

L'ODORE DELLA CANTINA

C'è un odore
che me porto da ragazzino
quanno che dietro casa
entro nel magazzino

L'avemo sempre chiamato
pe' comodità cantina
così m'hanno insegnato
nella contrada de Piscina

È quell'odore
così composto
che va dall'uva
fino a diventa' mosto

Me sembra de sentì
come se sta' in fermento
quanno sotto il torchio
il vino è quasi pronto

Quanno co' la pigiatrice
l'acini venivano macinati
mentre del grappolo
i raspi erano scartati

L'odore pure
de quanno se svinava
i segni sul soffitto
del torchio che sputava

Lo zolfo il verderame
erano quelli più cattivi
me li sento ancora nel naso
li sento come se so' vivi

Tutto questo
sento in quell'odore
è un miscuglio de sensazioni
de domeniche passate con amore

Quanno che riapro
quella cantina dal portone
è come esse investito
'gni vorta da 'n'emozione

Da 'na valanga de ricordi
che restano nella mente
me piace raccontalli
a chi de 'st'odore nun ne sa proprio gnente!

'A CARBONARA

Davanti a 'n piatto così
nun posso dì de no ch'è cosa rara
m'affretto a dì de sì
a magnamme 'sta carbonara

Coll'ovo così giallo
appena uscito dar culo de 'a gallina
è contento puro er gallo
che se sveja e canta 'gni matina

Cor guanciale così croccante
che in bocca te se scioje
ne ho magnate tante
ma nun so' come la fa' mi moje

Ce va er guanciale
nun ce mettete la pancetta
me fate sentì male
cancellate que'a ricetta

Pe' me è la numero uno
dirò forse cosa ardita
come lei nun c'è nessuno
lo conferma 'r mio girovita!

'A CORATELLA

Quanno è pronta
io nun vedo l'ora
nun piace a tutti
perché dell'abbacchio è l'interiora

Pezzi piccoli
cuore fegato e polmone
è talmente bona
che la magnerei a colazione

Ce va la cipolla
e dopo che la fai soffrigge
ce versi 'n po' de vino
che er sapore va a corregge

Dopo un po'
che er vino è sfumato
è er momento der carciofo
che dev'esse mantecato

Controlli la cottura
fai passa' quasi 'n'oretta
er profumo te cattura
e la panza che nun aspetta

Me sbrigo anna' a tavola
fumante è la padella
e io già penso a come
strafogamme de coratella!

'A PAJATA

C'è un piatto
della cucina romana
che quanno lo magno
pe' me è 'n toccasana

Chi in questa città
viene pe' 'na passeggiata
nun po' annassene via
senza avella assaggiata

Certo se pensi
da come è composta
quanno ce l'hanno nel piatto
quarcuno poi la sposta

È la parte dell'animale
chiamato budello
quella più bona
sicuro è de vitello

Viene presa
poco dopo che è nato
quann'ha preso solo il latte
prima che venga svezzato

Prima de cucina'
devi lavalla
diffida de quelli
che vorrebbero svotalla

L'arrotoli
la chiudi a ciambella
in pentola cor sugo
coll'ajo e co' 'a cipolla

State tranquilli
che quanno la magnerete
solo i resti del latte
dentro ce troverete

Dateme retta
consiglio da parte mia
magnatela coi rigatoni
che so' la morte sua

Così oltre alle sue bellezze
Roma è soprattutto abbinata
a 'sto piatto delizioso
che è la pajata!

AUTUNNO

È così poco il tempo
da quanno sei arrivato
che quello che sarai
ce l'hai già dimostrato

Co' quarche acquazzone
te sei presentato
ce ripaghi co' 'n po' de sole
ma ormai c'hai fracicato

Aspetto quei spiragli de sole
tra alberi a foglie gialle
quasi a dacce più luce
e sembra' le giornate 'n po' più calle

Le foglie so' già cadute
hanno attappato pure i tombini
così quanno piove s'allagamo
e c'è più lavoro pe' li scopini

È quer periodo che
non sai come uscì
un giacchetto nun po' manca'
e a cipolla te devi vestì

Ce alterni giorni de pioggia
a giorni ch'è più sereno
però è grazie all'acqua
se ammiramo l'arcobaleno

E quanno a settembre
capita l'equinozio
vordì che dell'autunno
stamo solo che all'inizio

Se penso a una
delle tante cose positive
in autunno coi riflessi dell'acqua
vengono mejo le fotografie!

FACCIO TARDI

Resterei qui a scrive giorno e notte
così in pantaloncini e ciavatte
a schiaffeggia' le zanzare
dietro all'ombra de 'sto casolare

Po' sembra' 'n paradosso
ma neanche magnerei
penna in mano a più non posso
co' 'sta pace e colori me sazierei

Arriva er momento de stacca'
rischio de fa' tardi me devo prepara'
prima ho usato er condizionale
senza magna' se vive male

Ma manco chiudo er quaderno
che m'escono nuove rime
sta' a scade' er tempo mio odierno
ancora un po' pe' potemme esprime

Mo' basta chiudo
stacco tutto vado via
che se ce ripenso me risiedo
ma nun posso fa' aspetta' 'sta bella compagnia!

'STO GIORNO MALEDETTO

Aritorna puntuale
'sto giorno maledetto
me pija 'n nodo alla gola
che me scenne fino a dentr'ar petto

Me leva er respiro
è un pugno allo stomaco
nun me fa' sta' bene
e nun c'è cura e nun c'è farmaco

Viene er pomeriggio
s'avvicina l'ora
provo a nun pensacce
ma è come 'n orologio nell'interiora

Puntualmente come 'na sveja
dentro a scattamme
m'aritrovo co' 'na lacrima
che la guancia va a rigamme

Aumentano
'ste 'nfami,
oggi se sa va così
starò mejo poi domani

Intanto col rossore all'occhi
cerco de paralle
nun vedo gnente
co' 'n fazzoletto provo ad asciugalle

Ogni vorta
me fa' 'st'effetto
ogni anno
'sto 12 luglio maledetto

Quello che a noi te strappò
a chi lassù che te portò via
provo a chiede spesso
de ridamme mamma mia

Aridammela
armeno pe' 'n giorno
ma poi chissà se sarà peggio
lascialla anna' pe' 'r ritorno

Me la prendevo co' te
che mi madre in cielo t'eri portata
mo' te ringrazio, seppur pe' poco
de avemmela data!

OGNI TIPO DI PISTA

Quando cammino
su di un legno pavimentato
ripenso a quante piste
negli anni abbiamo calcato

Piste
de balera
de quanno se annava
a balla' il sabato sera

Piste de palazzetti
quelle parquettate
a passa' domeniche infinite
de giornate gareggiate

Piste
de mattoni o de marmo
dempre a balla'
da non riuscì a sta' fermo

Pure da seduto
ancora batto il tempo
come parte la musica
le gambe non me danno scampo

Ce ripenso
all'epoca se volava
eravamo giovani e sotto le suole
il borotalco se non se scivolava

Lezioni private
duri gli allenamenti
ma alla fine quando se vinceva
eravamo soddisfatti e più contenti

Annavamo forte nei latini
col Cha Cha e co' la Rumba
il Paso doble appresso al Jive
il bounce dentro il Samba

A volte se tornava a mani vuote
anche il ballo è gioia e dolore
ma a me è andata bene è grazie a lui
se ho conosciuto il mio grande Amore!

VENERDÌ

Venerdì
finisce la settimana lavorativa
se respira un'altra aria
più tranquilla più distensiva

Assaporo er caffè
co' qualche dorcetto
cerco de resiste
pe' anda' più tardi a letto

Stasera piove
vento lampi e tuoni
sui vetri e sulla tapparella
se possono sentì i suoni

È uno dei giorni
più belli della settimana
lo si intuisce
dall'inizio della mattinata

Pensi un ultimo sforzo
il week end è alle porte
ma è col venerdì
che ce se inizia il ponte

E quando arriva sera
vorresti che mai finisse
seppur domani si riposi
e più dura sarà svegliasse

Venerdì
serata da passa' in compagnia
pe' ritrova' un po' de serenità
e 'na bella dose de allegria!

ER DERBY DE ROMA!

Sta' pe' inizia'
l'ennesimo derby romano
quello che finché nun finisce
te fa' trema' le mano

Quello che senti tutto l'anno
e nun serve la partita da gioca'
lo sfottò è sempre aperto
nella nostra bella e amata città

'Na sfida
de campanilismo e de colori
quanno c'è er derby
te passano tutti li dolori

Te da' fastidio
pure se vola 'na mosca
e co' 'na bella vittoria
speri sempre che finisca

E se poi alla fine
dovesse da anna' male
avvilito ma sarò contento
pe' quarche amico laziale

Stavorta
senza tifosi né coreografie
senza i cori senza bandiere
senza genitori co' le famije

E dopo
che l'arbitro fischia
comincia la battaja
e tutti nella mischia

Sperando che il mister
azzecchi la giusta mossa
e a trionfa' alla fine
sia la squadra giallorossa!

Foto di Alessandro Camilli

Er Nasone

PICCOLO GIGANTE

Perdonali Willy
perdona chi non ti ha capito
perdona coloro
che per te non hanno mosso un dito

Chi ti discriminava perché
avevi la pelle di un diverso colore
pensando di sovrastare
chi ti dimostrava infinito amore

Eri un ragazzo che tutti
avrebbero voluto conoscere
con i tuoi sogni un lavoro
e la vita con tanto da chiedere

Vita che purtroppo
in una notte di fine estate
ti è stata strappata
per mano di quattro menti spietate

Spietate e malate
di quella ignoranza
che porta a sfociare
come sempre nella violenza

Di quattro vermi
colmi di fanatismo
spocchiosi arroganti
fautori del razzismo

C'è gente che pensa
che poco è accaduto
che niente è successo
se un extracomunitario è deceduto

'Sta vita del tutto
poi non mi sorprende
se c'è ancora
chi 'sti gesti difende

Io penso che la vita
è un pregio di ognuno
e il branco è per chi
da solo non è nessuno!

GLI STESSI GIORNI VISSUTI

Prima del compleanno
quarche mese fa
sul fatto che fossi prossimo ai 48
mi misi a ragiona'

A esse sincero
era tanto che ce pensavo
a 'st'età in particolare
che tempo fa io odiavo

Odiavo il 48
perché erano i tuoi anni
compiuti da pochi mesi
prima de lasciacce tutti quanti

Eri giovane Mà
quanno c'hai dato l'urtimo saluto
e mo' che ce n'ho io 48
realizzo de quanto poco hai vissuto

Ma la mente mia non frena
e va avanti a calcola'
a cerca' de condivide
ciò che hai vissuto a quest'età

Me so' annato a conta' che io e te
semo nati in anni bisestili
e a 'st'età ne avemo vissuti 12
de 'sti anni un po' bestiali

Ma non contento
sarò matto me diranno
ho contato i giorni che hai vissuto
dopo l'urtimo compleanno

A conti fatti
un numero è uscito
e io dal mio compleanno
sul calendario a conta' cor dito

S'è fermato al 20 settembre
proprio oggi
oggi ho vissuto i tuoi stessi giorni
secondo i miei conteggi

A me che i numeri
m'hanno sempre affascinato
stavolta però penso
ma come ce sarò arrivato?

Sicuramente
sarà stata la tua mancanza
e magari continua'
negli altri giorni co' 'na speranza

Che in ogni giorno da oggi in poi
so' sicuro che 'na cosa ce sia
che lo vivrai con me
guardandolo coll'occhi mia!

IL GIORNO DELLA MEMORIA

Entrarono con i mezzi pesanti
quel giorno gli alleati
quando oramai
i vigliacchi se n'erano già andati

Era il 27 gennaio quando
entrarono nei campi di concentramento
portando alla luce
ciò che succedeva lì dentro

Cose crudeli
inimmaginabili
anche con le testimonianze
sembravano impossibili

Invece
era tutto vero
sembra tutto surreale
nei filmati in bianco e nero

Iniziavano
coi rastrellamenti
qualcuno già sapeva
la destinazione di amici e parenti

Con timbri e firme
di chi allora governava
ogni treno puntuale
a quell'ora partiva

Caricati nei vagoni
chiusi al buio e tutti stretti
chi provava a chiamare un nome
chi lanciava dei biglietti

Arrivavano dopo giorni
alla macabra destinazione
cercando di sopravvivere
a quella maledizione

Venivano divisi
uomini, donne, anziani e bambini
chi veniva scelto per lavorare
e chi aveva già scritto i loro destini

Il freddo la fame
un numero sul braccio tatuato
per perdere la dignità
una volta lì entrato

Non s'era mai vista
tanta crudeltà
solo perché
di un'altra religione o mentalità

C'è chi
ha pure dichiarato
che quelle atrocità
fosse qualcosa di inventato

I più fortunati
l'hanno potuto raccontare
e noi abbiamo il compito
di non farli dimenticare

Non si deve dimenticare
che prima ancora
iniziarono a spargere odio
come qualcuno fa' tutt'ora

E tutto questo
fu la pagina più brutta della storia
andrebbe sempre ricordato
non solo oggi il Giorno della Memoria!

28 ANNI VISSUTI INSIEME

'Sti giorni
vengono festeggiati
da chi convive o come noi
se so' sposati

È l'anniversario
de quanno se semo fidanzati
come oggi era domenica pomeriggio
che il primo bacio se semo scambiati

Ce pensavo da tempo
lo speravo da tanto
e poi così
quasi per incanto

Come un sogno
che dopo un po' s'avvera
come quanno vedi sboccia' un fiore
e pensi ch'è primavera

Facevamo coppia
solo nel ballo
ma da quella sera
pe' noi inizio' il bello

Il bello de 'na vita
senza sape' er destino che c'aveva predetto
semo arrivati fino a oggi
che de anni so' ventotto

Tanti amore mio
so' veramente tanti
ma ne abbiamo
condivisi de momenti

De felicità
dei viaggi la contentezza
avemo dovuto assapora'
pure qualche momento de tristezza

Ma nonostante tutto
eccoce qua amore
ancora innamorati
da fasse batte forte er core

De un puzzle
semo la giusta combinazione
dell'altro non potemo fa' senza
in ogni situazione

E dopo tutti questi anni
molti se sarebbero già stancati
noi annamo avanti
ogni giorno più innamorati!

LI GNOCCHI

Quanno te pija la fame
quella che non sai come ferma'
senti 'sto consijo
e mettete a 'mpasta'

Prenni un po' de patate
portale a bollitura
dopo che l'hai lessate
passale sulla spianatora

Schiacciale
metti l'ovo e 'n po' de farina
'na bella dose de forza
fino a che l'impasto se raffina

Fai riposa' 'na mezz'oretta
poi cominci a fa' i cordoni
falli piccoli, grossi come te viene
tanto è 'r palato a dì se so' boni

Tanti ne vojo
sí la bocca, ma prima magnano l'occhi
ancora mejo
se è 'n ber piatto de gnocchi!

L'OLIVETO

Voi che a 'sta tera
avete dato tanto
e quanno qui viene sera
smanio e 'n se sa quanto

Ogni tanto ce torno
e ogni vorta è 'na botta ar core
respiro l'aria qui intorno
quell'aria che me sa de amore

Ancora non ce la faccio
nun ce riesco a amallo
quanno ce devo venì so' come er ghiaccio
ma quanno ce sto' me sciorgo come ar callo

Poi arriva un momento
un giorno rivissuto anni e anni fa
che a fine giornata me da' sgomento
pe' l'emozione ch'ha dato e che ancora me da'

Aritrovasse così senza che te l'aspetti
a raccoje le olive piantate da mamma e papà
e grazie a mi moje e a du' cuginetti
forse 'sto posto lo ricomincio a ama'!

'E PAPPARDELLE

Butta sulla spianatora
du' manciate de farina
fa' la fontana e metti l'ova
mejo se so' de stamatina

Amargama l'impasto
cor mattarello poi le stenni
quanno le vedi poi ner piatto
capisci che nun t'arenni

Le pòi magna' alla lepre
le pòi magna' ar cinghiale
magnale co' 'r ragù
allora sì che è 'ccezzionale

Le pòi magna' ar cinghiale
le pòi magna' alla lepre
so' bone puro 'n bianco
ma ce vo' er sugo che le copre

Mejo larghe che quelle strette
er palato ce va a le stelle
quanno 'n bocca te ce metti
'na forchettata de pappardelle!

LA LIBERAZIONE

Oggi è un giorno
che ricorre da tanti anni
da quando l'Italia
della guerra se contava i danni

È 'na festa
è 'na ricorrenza
che ce da' valore
a chi fece resistenza

È un giorno dedicato
a chi per la libertà
con la vita ha pagato
lasciandoci il valore in eredità

Se non l'hai vissuta
o non te l'hanno raccontata
de quell'epoca
provi a dì che è inventata

A me purtroppo e per fortuna
c'è chi me la poteva raccontа'
ascoltavo anche a ripetizione
le storie de nonno e de papà

C'è chi non la festeggia
c'è chi la vuole fa cambia'
proprio quelli che vorrebbero
che tornassero quei tempi là

Intanto portamo avanti
'sta festa simbolo della nazione
perché se stamo così è grazie a chi
fece resistenza pe' dacce la liberazione!

L'AUMENTO

In questo periodo
della vita raggiunto
ciò che ho notato
è di un particolare aumento

È aumentata
la disoccupazione
chi è senza lavoro
e attività in sospensione

Aumenta
la gente arrogante
e contro di loro
non puoi far niente

Aumenta il lavoro
per medici e infermieri
per salvare vite
e adempiere ai propri doveri

Aumentano
sui social immunologi e scienziati
fino a poco tempo fa
allenatori, politici, solo tastierati

Aumenta
l'opportunismo il menefreghismo
non pensando al prossimo
ma confermando l'egoismo

Aumenta
l'odio che la tv alimenta
trova da bere
nella massa che più è scontenta

Aumenta l'inciviltà
con essa la prepotenza
aumenta l'ipocrisia e
su le donne la violenza

Vedo sempre
un'altra cosa che aumenta
è quella gente
che di tutto si lamenta

E mo' del politico
e mo' del calciatore
di chi ci comanda
o chi ne è l'amministratore

A tutti questi gli direi
di usa' un po' più di coscienza
che per vivere tutti meglio
de 'sti aumenti ne potevamo fa' senza!

QUANNO PARLO DE TE

Quanno incontro quarcuno
che è un po' che nun me vede
je domanno come sta'
poi de te me metto a chiede

Me racconti de mi madre
un aneddoto o un ricordo
io ce n'ho pochi
va a finì che me li scordo

Perché la gente che te conosceva
t'apprezzava, eri sincera
io ero tu fijo
e me viziavi da mattina a sera

Te rivedo lì in cucina
co' la vestaja a doppio petto
a prepara' er pranzo
e nel forno quarche dorcetto

I disegni sulla stoffa
il telaio pe' ricama'
la bandiera della Roma
cucita a mano pe' la mia felicità

La custodisco ancora
con quella tricolore
so' poche cose che c'ho de te
me le tengo strette con amore

Quarche idiota
un tempo me disse de buttalle
ma che ne sa der significato
de non avé 'na mamma alle spalle

E quanno passa un po' de tempo
ah, sei te? Mica te stavo a riconosce
che sei il fijo de Silvana
lo si capisce

C'hai la stessa voce
quanno te sento parla'
anzi grazie a te
che me l'hai fatta ricorda'

E me ne vado
orgoglioso e contento
e spero de continua' a parla'
de te al prossimo appuntamento!

PROCOIO

Ce sta' 'n posto
un po' fori mano
che non tutti hanno visto
sta' nell'agro romano

È tutto in pianura
c'erano le manze coi pini
fa' parte della tenuta
del Principe Aldobrandini

Diverse le generazioni
parecchi li ragazzini
ad accompagna' li più anziani
o a corre nei rimessini

Se giocava a nascondino
se coreva co' e biciclette
er segno der carzoncino
cammina' scarzi o co' 'e ciavatte

Se saltava
dai trattori alla trebbia
e se nun ce bastava
facevamo le piste sulla sabbia

Chi faceva l'orto
chi c'aveva er pollaio
niente annava storto
sur balcone co' le sdraio

Pe' anna' ar mare
se attraversava la ferrovia
Emilio Cascini a controllare
se 'n c'era er treno ce dava er via

Se passava in pineta
se a Ostia dovevi anna'
adesso c'è chi lo vieta
è 'n'altra realtà

Se giocava a pallone
senza senti' la stanchezza
er fresco dell'alberone
co' 'r vento che t'accarezza

I ricordi so' tanti
un libro ce se po' scrive
su chi erano l'abitanti
o su chi adesso ce vive

A bocce quanno c'era er duello
scennevo de corsa le scale
tra i compari Pietro e Nello
accompagnavano nonno fino alle scole

C'era Franco e Gianna Carlacchiani
Michele e Franca Bonavita
c'avevamo chi li gatti e chi li cani
e nei prati quarche margherita

Luisa e Pietro Latina
Palmira e Mario Valerio
Nello e Mimma come vicina
Adele e Di Paolo Antonio

Mentre un po' meno vicini
ma manco troppo distanti
c'era la famiglia Cascini
Emilio e Anna i casellanti

E se er vino
o l'uva volevi assaggia'
da Silvana e Giggino
dovevi passa'

Loro i miei genitori
papà de 'sto posto nativo
m'hanno insegnato i valori
e er ricordo da tene' vivo

Io, poi me posso ritene'
tra i più fortunati
come quelli che come me
qui a Procoio ce so' nati!

ANNAMO AVANTI O INDIETRO?

Me ricordo ai tempi della scola
se pensavamo al duemilaevventi
ce veniva in mente 'na frase sola
chissà quanto staremo avanti!

Ma poi 'n do' sta' tutto 'sto progresso?
dovevamo gira' co' macchine volanti
invece che è successo?
se ritrovamo indietro tutti quanti

Quasi quarant'anni so' passati
ma a fa' ar volo 'na stima
sembra de esse tornati
dell'epoca quarant'anni prima

Guardavamo i film de fantascienza
bastava fa' delle retine le scansioni
della tecnologia 'n potemo fa' senza
tutti come 'na massa de cojoni

Volemo la libertà
che s'allenti la cintura
ma le regole le riuscimo a rispetta'
solo sotto forzatura

Dice: "Er popolo deve esse ignorante
senno' se ribbella"
ma io se vedo 'na cosa luccicante
me piace pensa' che sia 'na stella!

OGNI SANTA DOMENICA

Sveja presto
la domenica mattina
imboccavamo la litoranea
troppo lontana la pontina

La zona de Nettuno
la nostra destinazione
a quell'ora 'n girava nessuno
manco chi annava pe' cacciagione

Tutte le domeniche
sin da quann'ero piccolino
pe' recupera' er sonno
dormivo sur purmino

Appena s'arrivava
c'era qualcosa da fa'
mantene' du' ettari de vigna
col trattore a lavora'

Dopopranzo
me dovevo mette riposato
ma pe' me
era tutto tempo sprecato

Nun vedevo l'ora
de torna' a casa mia
ma già sapevo che 'n se partiva
finché er sole 'n se 'n'annava via

Er pomeriggio lo passavo
a travasa' er vino ne 'a cantina
tutto il calcio minuto per minuto
lo sentivo da 'na radiolina

Il sole calava
se avvicinava il tramonto
se 'ncominciavamo a prepara'
e io, ero già più contento

Se tornava verso casa
alle prime luci della città
io vedevo vicina la meta
e ricominciavo a respira'!

UN SOGNO CHIAMATO MAMMA

L'altra notte Ma'
t'ho sognata
era un po' che non accadeva
era come fossi ritornata

E dopo
averti riabbracciata
t'ho chiesto: "a Ma',
ma fino a adesso 'n do' sei stata?"

Era come risenti'
nell'averti riabbracciato
che in tutti questi anni
il tempo non fosse mai passato

Come se
stessi a vive un sogno perenne
e se d'improvviso me dovessi sveja'
e ritrovamme sedicenne

Come quando
te ne andasti via
e quarcuno pe' noi decise
de non vedette più in vita mia

Ma nel sogno
avevo l'età de adesso
e te invece
il viso era sempre lo stesso

Se fosse vero
adesso saremmo coetanei
ma a me chi me li rida'
quelli persi co' te di anni miei?

Purtroppo, o per fortuna era un sogno
me ne auguro co' te altri cento
che ogni sera spero de vive
ogni vorta che m'addormento!

LA VITA CHE CAMBIA

Tornano 'sti giorni
e dopo quattro anni
tornano pe' ricorda'
che ne hanno fatti di danni

Iniziammo a giugno
sembrava 'na cavolata
poi cortisone pe' terapia
e la cosa più seria è diventata

'Na lastra
portata dal dottore
usci' co' 'n fojo de ricovero
da presentasse dopo poche ore

Dagli occhi qualche lacrima
in viso lo sgomento
de non riuscì a capì
del perché de quel momento

Iniziò sto calvario
svejamme solo la mattina
pe' poi corre da te
tra cardiologia e medicina

L'ansia, la paura
dei dottori l'aggiornamento
se alternava er coraggio
a momenti de scoramento

Poi la conferma
malattia autoimmune
me lo so' fatto ripete
più de 'na vorta quer nome

Lupus
e chi lo conosceva
è entrato nella nostra vita
senza sape' che esisteva

Non è 'na cosa grave
ce devi convive
quasi un compromesso
pe' pote' sopravvive

Papà se ne andò sereno
dopo che ebbe saputo
senza la possibilità
di un tuo ultimo saluto

Passammo un mese
a dir poco infernale
ne siamo usciti
lasciando una vita normale

Cambiò
la nostra vita
sperando sempre
in una via di uscita

Analisi, controlli
niente sole e niente mare
abbiamo pure cambiato
il nostro modo di viaggiare

Di abitudini
ne hai cambiate tante
ma affronti come sempre tutto
da donna gigante

So' passati quattro anni
c'è sempre un po' di timore
che non ritornino quei momenti
co' attimi di terrore

Sentirsi mancare
la terra sotto i piedi
la paura di non riuscì
a capì quello che vedi

Da allora
la vita non è più la stessa
ma ci siamo ancora noi
ed è quello che interessa

Continueremo ogni giorno
ad affrontare nel modo migliore
tutto con la nostra forza
ancora più col nostro amore!

Foto di Alessandro Camilli

L'Autunno

XXI APRILE

Antica e moderna
come solo te sai esse
splendi da secoli
da epoche o ere diverse

Anche se in verità
gli anni che tu c'hai
so' più de dumila
e nun sbiadisci mai

Dalla nascita
sotto la lupa Romolo e Remo
sopra li sette colli
il simbolo tuo supremo

Imperatori a capo
dell'Impero Romano
ma la tua lunga storia
sta' qui a portata de mano

Monumenti cattedrali
nasoni 'n do ce bevi
Pantheon, Altare della Patria
e Fontana de trevi

Anfiteatri
quarche museo
Fori imperiali
e sullo sfondo er Colosseo

Er raccordo anulare
cor traffico giornaliero
ma da 'n do vengono tutte 'ste machine
sarà sempre un mistero

Er Tevere
l'arcate dei suoi ponti
vedi Castel Sant'Angelo
ammiri Trinità de monti

C'è er Papa
co' tutto er vicariato
la bellezza de San Pietro
e tutto er colonnato

Oggi XXI aprile
ogni romano te vo' festeggia'
dai più piccoli particolari
a tutta la tua immensa maestosità

Sei la capitale der monno
la città più bella che ci sia
sei e sarai de unica bellezza
sei e sarai eterna, Roma mia!

ER RAVIOLO

Mentre ozio sur divano
sento lì in cucina
quarcosa se sta' a 'nventa'
la mia dolce mojettina

Se presenta co' 'n impasto
manco er tempo de 'n momento
oltre a quello
è pronto er riempimento

Prenni la tavola
allunga la sfoja
metti er ripieno
e già la bocca me se 'n voja

Bolle l'acqua nella pentola
er ragù a scalda'
ha già bollito pe' tre ore
s'avvicina l'ora de magna'

Pronto a tavola
mo' sì che me consolo
cari signori ve presento
sua maestà er raviolo!

'STI GIORNI

I brividi che 'sti giorni
c'avrai sulla pelle
è quarche ricordo che indietro torni
riaffiora solo a guarda' le stelle

Le lacrime che 'sti giorni versi
pe' quello che t'è successo
so' i ricordi che non andranno persi
tutta la vita li porterai addosso

E come er vento
che spazza via le foje
te da' 'sto senso de disorientamento
e te senti dentro da scioje

Se me posso permette
'na cosa te la posso dì
ferma l'orologio manna indietro le lancette
e nun pensa' se doveva o no anna' così

Sei stato un figlio esemplare e attento
e sarai all'altezza come lo eri prima
non avrai né un rimorso né un rimpianto
e lassù ce sarà 'na persona speciale che te stima!

LA CIOCCOLATA CALDA

Nell'ora della merenda
tutto è consentito
specie se dopo il lavoro
rimani infreddolito

Il caffè
lo prendo macchiato
ma ogni tanto se concedemo
un bel cioccolato

È sacra
la merenda co' mi moje
ce po' sta' chiunque
ma nessuno l'attenzione me distoje

Mescolo
col cucchiaino
e poi ce affogo dentro
un dolce cialdino

Assaporo
la sua densità
non troppo in fretta senno'
la lingua me vado a brucia'

Sorseggio
me lo gusto lentamente
velocizzo prima che se fredda
ma non tanto da non rimanecce niente

Mo' lo dico
ce metto poco a fallo
quasi quasi domani ce rifaccio
cor cioccolato callo!

QUEL MALE INFAME

C'è ancora tanto da fa'
contro quell'infame male
bisogna ricordarlo
soprattutto oggi giornata mondiale

S'è fatto spesso vivo
senza fa' rumore
ognuno di noi conosce
chi combatte contro un tumore

A chi direttamente
o a chi si è avvicinato
negli ultimi anni
esponenzialmente è aumentato

A me personalmente
se vado a fa' du' conti
se n'è portati via
un bel po' de conoscenti

Alcuni troppo giovani
che alla vita ancora dovevano dà
ancora più giovane
chi ancora ce sta' a lotta'

Stavolta l'abbiamo battuto
dopo tante sconfitte subite
quanno se fa' vivo
spesso le speranze so' finite

Tante troppe persone
contro quel male ancora a combatte
chi in terapia
o chi con operazioni fatte

Per questo
bisogna fare prevenzione
non abbassare la guardia
sempre massima l'attenzione

Avanti con la ricerca
preveniamo con qualche esame
se volemo riuscì a vince
contro quel male infame!

FERRAGOSTO

Sta' a passa'
pure 'sta giornata
quella che dell'estate
è la più aspettata

C'ha origini dall'antichi romani
da quanno l'imperatore Augusto
decise de anna' in ferie
e nacque così er Ferragosto

In questo giorno così caldo
quasi infernale
nun je va de canta'
manco a le cicale

Chi va a magna' fori
chi va al lago
chi je basta un filo d'ombra
pe' un par d'ore de svago

Ce sta' pure
chi te rompe li cojoni
perché nun se diverte
se nun te tira i gavettoni

Nun se dimenticamo che
c'ha anche un valore in religione
proprio oggi se festeggia
de Maria l'assunzione

C'è chi preferisce er mare
e gioca' a racchettoni
ma noi semo romani
e preferimo er pollo coi peperoni!

DA SOLO ALLO STADIO

So' tornato allo stadio
a la Roma tifà
come facevamo insieme
io e te papà

A fa' da solo quer viale
'na fatica faccio
stavolta non c'è neanche mi moje
ma lei quanno torno poi l'abbraccio

Ripijo in mano
del club lo striscione
e me torna in mente quanno
io e te lo mettevamo in posizione

Scatto foto da ogni angolo
in ogni momento
solo pe' nun pensà
e fa' passà più veloce il tempo

Parte l'inno
lo stadio se riempe de colori
infilo la mano pe' prenne la sciarpa
ed è quella tua la prima a uscì fori

Lì dove se mettevamo nun c'era posto
me sposto più in là
la Roma segna tre vorte me giro
ma nun c'ho chi abbraccià!

FACEBOOK

Caro facebook m'hai provocato
nun so' se cell'hai co' me
me so' trovato disabilitato
e stavorta 'n se sa er perché

Me dicesti è 'n errore
poi rientrà tranquillamente
me so' rimesso con amore
ma n'è cambiato quasi niente

Me chiedi er documento
pe' aprì qui un profilo
ma so' io dalla fronte ar mento
pure se ho messo quarche chilo

T'ho lasciato dentro
un mare de foto e ricordi
spero de resta' ar centro
e che de me, nun te scordi

Su mamma e papà
t'ho pubblicato poesie
ma nun te starai a sbajà
co' chi scrive idiozie?

C'ho amici reali e virtuali
conosciuti qui da te
pe' me resteranno tali
con un ciao o un bella fratè!

Ho dovuto chiede permesso
nei gruppi che ho creato
lo so' non m'è concesso
a Facebook ma va a morì ammazzato!

ER TRAMONTO

Tramonto, segni
la fine de 'na giornata
segni e ce dai il resoconto
de come è passata

Se è stata bella
me commuovo guardandoti
se non lo è stata
spero in una migliore mirandoti

Stare lì ad ammirarti
mentre il sole cala nel mare
vorrei fermarti
per qualche altra foto da immortalare

Ne ho scattate tante
ai tramonti maldiviani
a quelli caraibici, quelli ostiensi
ma i migliori so' quelli africani

So' i tramonti più belli
me li riguardo spesso
ma poi penso incredulo
perché so' diversi, se il sole è lo stesso?

So' stato fortunato
ad ammiratte in ogni angolo del mondo
e quanno me vojo emoziona'
vado sur mare a godemme er tramonto!

L'AMORE

L'amore
è quel sentimento
che non lo puoi controllare
neppure se respinto

L'amore
è lealtà
è vivere uno affianco all'altro
con tutta onestà

L'amore
è qualcosa di magico
l'amore colpisce e toglie il respiro
come un pugno allo stomaco

L'amore
è desiderio, è mancanza
l'amore
è non poter fare dell'altro senza

L'amore
è in un abbraccio in un contatto
è in uno sguardo dolce
in una poesia che hai appena letto

L'amore
è tenersi per la mano
è rispetto e sincerità
la ricetta per andare lontano

L'amore
è soprattutto complicità
è rendere lieto chi ti è affianco
a costo della propria infelicità!

BUON NATALE

Come ogni anno
s'avvicinano le festività
stavolta
co' parecchie novità

Tutti insieme a tavola
nun se po' sta'
e fori dar comune
nun ce pòi anna'

Staremo più ristretti
più nell'intimità
e sentiremo più la mancanza
de chi a 'ste feste non poteva manca'

Non ce saranno
le grandi tavolate
quelle 'n do giravi la tovaja
e dai fritti passavi a 'e tombolate

Prosecchi
aperti pe' brinda'
amari e grappe
pe' digerì e pronti a rimagna'

Sarà tutto
ridimensionato
ma nun se scordamo
ch'è la festa de Gesù quand'è nato

Natale non è fatto solo
de grandi abbuffate
de regali più o meno costosi
de cinte e ciabatte riciclate

È fatto anche de certi valori
che purtroppo se so' persi
approfittamo de 'sto momento
pe' torna' un po' ad amarsi

Ripenso de 'sti periodi
a quann'eravamo più piccoli
che pe' esse felici
ce bastavano dù giocattoli

Io c'ho ancora il regalo
gelosamente conservato
quello che mi madre
nel suo ultimo Natale m'ha donato

E in questo periodo
così anomalo, così strano
te fa' apprezza' de più
chi c'hai vicino ma è lontano

Basta solo 'na porta affianco
sopra o sotto de 'n piano
che nun je pòi da' 'n abbraccio
e manco 'na stretta de mano

È annata così 'st'anno
speriamo meglio in quelli futuri
per Natale e tutto l'anno
io ve faccio tanti auguri!

AUGURI MAMMA

Nun viene mai sera
senza avette pensato
nun viene mai sera
senza che un pensiero t'ho dedicato

A ripensa'
ai pochi anni insieme passati
a immagina' quelli dopo
chissà co' te come sarebbero stati

Quello che dico o che faccio
nun solo penso a come sarebbe stato
ma me vado a immagina'
ciò che avresti detto oppure pensato

E seppur pe' poco
m'hai dato 'st'onore de esse tu' fijo
m'è mancato tutto
forse de più quarche consijo

Come quando un bambino
sta' pe' casca'
allunga 'na mano a cerca' la mamma
ma nun la riesce a trova'

Ecco m'è capitato questo
nella vita mia
oggi te manno l'auguri
ovunque tu sia

Magari in un sogno
in un ricordo che va ad affiora'
spero de avette vicino
più de quanto possa immagina'

T'aspetto lì ner sogno
prima che me svejo
quanno so' triste m'affogo nella scrittura
ecco perché pe' te m'escono le parole mejo!

AMATE NON VIOLENTATE

Oggi de 'na giornata mondiale
ne è la ricorrenza
de 'na cosa che tutti
dovremmo farne senza

È la lotta contro chi
alle donne fa' violenza
già dal vocabolario vorrei che
de 'sta parola non ce fosse l'esistenza

Donne bruciate
donne massacrate
donne stuprate
o co' l'acido sfigurate

Donne che
il loro aggressore
fino a poco prima
j'aveva giurato amore

Donne
da un uomo diffidate
da chi ve chiede l'ultimo chiarimento
e promette poi de lasciavve in pace

Ma come fai?
come te senti?
tu che con le donne
usi modi e mani pesanti

Che te passa pe' la testa?
che te fa' scatta' quell'ira dentro?
che dopo che hai fatto
te fa' sentì contento?

Dillo, invece de fa' finta
de esse poi pentito
sperando che un giorno 'sta violenza
sia solo un brutto vissuto

Le donne ogni giorno
vanno amate e protette
ogni giorno rispettate
e so' da abbraccia' forte e strette

Semo nati
da 'na donna
vogliono esse amate
non cercano chi le inganna

Famole ride
coi pantaloni o co' 'a gonna
che non c'è cosa più bella
de 'n sorriso de 'na donna

È ora de dì basta
de vince 'sta violenza
e de tutte le donne
viviamone l'essenza!

Foto di Alessandro Camilli

Roma XXI Aprile 753 a.c.

LUPUS CLINIC

C'annamo ogni quattro mesi
come da protocollo
ce accompagno mi moje
a fa' il controllo

Sta' all'interno del policlinico
reparto reumatologia
non sembra 'n ospedale
te fanno sentì a casa tua

Te fanno accomoda'
in sala de attesa
vedi nell'occhi le persone
che alla speranza 'sta appesa

Ce vengono
da ogni regione
da ogni paese
della nostra nazione

Ce so' i Professori
che in prima linea stanno
ce so' le Dottoresse
che ormai del tu ce danno

So' 'na bella squadra
ormai più che collaudata
sempre col sorriso
e 'na parola rassicurata

Visitano
le analisi controllano
danno la terapia
ma prima se confrontano

E mo' la proteinuria
e poi l'anti dna
a Dottore', ma 'sto cortisone
nun me lo po' leva'?

Solo poche ore
pòi prende de sole
e quando mangi
metti poco sale

Sembra 'na tortura
ma quando esci
dopo che senti che va bene
quasi rifiorisci

'Na settimana
a segna' la caffeina
se ne bevi un bicchiere
un boccale o 'na tazzina

Analisi periodiche
pe' controlla' i valori
non finiremo mai de ringrazia'
'sti magnifici dottori

Certo nun saranno solo i camici
a renderli così chic
ma che so' unici è sicuro
loro della lupus clinic!

ERAVAMO TUTTI ZORO

Eravamo tutti Zoro
a carnevale da ragazzini
era la maschera più comune
de sicuro non scelta da noi bambini

Mica come adesso
nel ventunesimo secolo
maschere de tutti i tipi
e de ogni articolo

Eravamo tutti Zoro
al massimo pulcinella o pierrot
me li cuciva mi madre
se divertiva, io de meno un bel po'

Er carnevale
non è che poi lo sopportavo
non tanto pe' la festa
ma più pe' 'r freddo che prennevo

Er mantello
'na camicia leggerina
la prima cosa che se rompeva
era l'elastico de 'a mascherina

La spada che per tera me strusciava
nella cinta dovevo infilalla
ma annava a finì che se piegava
bastava solo che a guardalla

L'odore der fritto
se lo seguivo me portava a casa
de frappe e castagnole
la cucina era invasa

Adesso
me devo ridimensiona'
perché oltre ar girovita
sta' a aumenta' pure l'età

Così ogni tanto
co' du' frappe me riconsolo
co' tanti ringraziamenti
sia der fegato che der colesterolo!

ER RAGÙ

Se avvicina
piano piano la domenica
e c'è 'na cosa
che la rende ancor più magica

Sì l'alzarsi tardi
alla sveja nun ce pensi più
ma sarà 'na buona domenica
se a pranzo c'hai er ragù

Non tutti lo sanno fa'
mi moje sa e me vizia
non usa i pelati
ma la passata che me sfizia

Parte cor soffritto
sfuma co' 'n po' de vino
aggiunge er macinato
mejo se ripassato e fino

Lo fa coce pe' ore
sale quanto basta
io già me lo immaggino
quanno va a condì 'a pasta

Po' esse corta lunga
fresca o fatta all'ovo
ma è er sugo che conta
e cor ragù me ce commovo

Dico 'na cosa
che po' sembra' 'n'esagerazione
io domattina ce 'ntingo er pane
e cor ragù ce faccio colazione!

'E TRE CARTE

Li pòi incontra' a Porta Portese
la domenica matina
te sfidano a trova'
tra le tre carte la regina

Po' sembra' un gioco divertente
ma dal momento che vai a partecipa'
nun riesci a capì
che la fregatura sta' a inizia'

Se c'hai quarche dubbio
su dove i sòrdi mette
so' pronti li compari
che te invojano a scommette

Le prime vorte te faranno vince
pe' fatte sentì furbo e intelligente
tra li banchi der mercato
e in mezzo a tanta gente

Ma basta poco
pe' passa' dalla parte dei fessi
je ce vorrà meno tempo
pe' riprenneseli coll'interessi

Un consijo te dico
stacce in campana
che gente così
li vedi tutti i giorni de 'a settimana

Pronti ad attiratte
nel loro vile tranello
pe' fatte crede
de riuscì a vince er duello

E quanno pensi
"Anvedi stavorta c'è cascato"
occhio che è proprio quello
er momento che t'ha già fregato!

LA BEFANA

Ho sempre immaginato
Babbo Natale con occhiali e panciuto
vestito de rosso
co' le renne e parecchio barbuto

La befana invece
nun l'ho saputa identifica'
sempre immaginata de profilo
co' 'r naso che in giù je 'nnava a casca'

A cavallo de 'na scopa
co' la gobba e co' i regali sta' a girà
nun se semo mai domandati
come cavolo farà a vola'

Pure lei
dai comignoli se calava
almeno questo è quanto
sin da piccoli se raccontava

Ma a noi
ce annava bene tutto
quanno trovavamo il regalo
o la calza in testa al letto

Dentro ce potevi trova'
dolci, cioccolata e qualche caramella
insieme a 'n po' de carbone
pe' fasse perdona' quarche marachella

Erano quei momenti
de felicità
l'urtimi
e poi a scola se doveva torna'

Adesso che semo grandi
ce piace de ammira'
la felicità dei bambini
come fossimo noi alla loro età

Quest'anno
che è appena iniziato
c'avemo tutti la speranza
che sia mejo de quello passato

E oggi cara Befana
che il 6 gennaio te porti via
oltre che a tutte le feste passate
porta co' te pure 'sta cavolo de pandemia!

NE DOVEVAMO USCI' CAMBIATI

E niente
ce semo ricascati
e meno male
che ne dovevamo uscì cambiati

Dovevamo esse
un popolo migliore
sta' tutti più uniti
e butta' avanti er core

C'è chi inneggiava
da anni alla dittatura
poi pe' du' regole da rispetta'
dicono che è 'na congiura

L'italiano purtroppo
nun è più quello de 'na vorta
quanno se rimboccava le maniche
pe' aiuta' er vicino fori 'a porta

Adesso
se mettono o no la mascherina
se er loro rappresentante politico
je lo dice la mattina

C'è chi pe' paga' meno tasse
denunciava meno der dipendente
adesso se lamenta
che da magna' nun c'ha gnente

I genitori lasciavano i fiji
ore davanti a tv e giochetti
mo' se lamentano
che c'hanno bisogno dell'amichetti

La colpa e tanta
è della televisione
dove passa che chi più strilla
è quello che c'ha raggione

Daje rimettemo
in moto er cervello
rispettamo le regole
e tornerà tutto a modello

Famo vede
chi so' veramente l'italiani
pensamo pure
a chi ce sarà un domani

Perché a me
m'hanno sempre insegnato
che er prossimo nun va deriso
er prossimo va aiutato!

ASPETTA A CRESCE

Bella de' zio
a volte vorrei che veloce crescessi
ma di più spero
che così ancora un po' rimanessi

Vorrei
sentirti qualche parola pronunciare
ma poi chi ce le ridà
'ste sillabe sparse da assemblare

Capirti dalle poche parole dette
dai tuoi segni o gesti
la spontaneità nei saluti e nei baci
e non perché sempre richiesti

Così vale per tutto
quando mangi o quando giochi
i momenti con te so' impegnativi
ma quando te ne vai sembrano pochi

La tua caparbietà
la tua intelligenza qualche capriccio
le tue braccia al collo
quando ti prendo in braccio

Passare il tempo
con bicchieri e mollette
a fare piramidi di plastica
o appenderle al naso o alle orecchie

Un qualsiasi oggetto
è buono per poterti ispirare
mi troverai dalla tua parte
sempre pronto a volerti assecondare!

ER PRANZO DE NATALE

Come ogni anno
c'è sto rituale
è 'na ricorrenza
è er pranzo de Natale

Nun è che er 24
ce semo annati leggeri
nun se contano le magnate
né le bevute de bicchieri

De sicuro sulle tavole
quarcosa è avanzato
oggi se ripropone
pe' esse mejo assaporato

Er primo è de rito
poi abbacchio o capretto
qui nun se arza nessuno
finché nun è voto er piatto

Armeno
nun perdemo 'sta tradizione
ancora sto' al primo
e co' 'n occhio punto er panettone

Fresca o secca
c'è ner cesto della frutta
ma prima 'na passata
alla cofana de robba fritta

Alla fine
nun se sa a che ora
passamo alla grappa
sperando che ce stura

E pe' corre
a 'sto rimedio
me tocca beve pure a me
che se sa…so' astemio

Co' la paura e il timore
che raggiunta la digestione
se possa ricomincia'
senza vergogna né finzione

Bisogna impegnasse
a mantene' 'sta tradizione annuale
e dopo che ho finito
ve auguro buon Natale!

LA GRICIA

C'è chi pe' descriverla
dice che è l'amatriciana in bianco
oppure la carbonara senz'ovo
ma der suo sapore nun sarò mai stanco

Pe' me
e nun so' solo fortunatamente
è la base principale
quanto a bontà nun je regala gnente

Le artre
je fanno da ornamento
coll'aggiunta dell'ovo o der sugo
al suo già bel condimento

Quello che c'hanno in comune
quello che in bocca te rimane
è er guanciale
a rende uniche 'ste tre paste romane

Già dall'odore capisco l'andazzo
a vedella ner piatto la fame me sale
io de lei ne vado pazzo
io co' la gricia va a finì che me ce faccio male!

UN ANNO DI EPIDEMIA

Da quest'anno
un'altra giornata nazionale
nata dopo mesi
di un'epidemia mondiale

Tempo fa
chi ci avrebbe pensato
che una giornata alle vittime del covid
avremmo poi dedicato

Purtroppo
questa è la realtà
è già un anno
e non sappiamo quando finirà

Sembrava che la situazione
stesse migliorando
invece seconda e terza ondata
mezzo mondo sta' decimando

Muore chi è sano
chi ha malattie pregresse
chi lavora negli ospedali
anche le varianti come se non bastasse

Il vaccino
l'unica nostra speranza
che se fosse per l'italiano
non rispetta né regole né distanza

Neanche dopo
migliaia di morti in tutta la nazione
ci rendiamo conto di star attenti
che sia zona gialla rossa o arancione

C'è chi ancora non crede
che siano veri i numeri, i dati
che i camion con le bare
fossero solo filmati registrati

Troppo egoista l'uomo
che al prossimo mai penserà
continuiamo così che poi
una sola giornata nazionale neanche basterà!

'A MORTADELLA

Rosa
tajata fina
solo dall'odore
me sale l'acquolina

Co' 'r pistacchio
o senza
me da' alla testa
quanno sento quell'essenza

La pòi magna'
a tutte l'ore
a metà mattina o a pranzo
ce sento mejo er sapore

Se dice
che pe' sentì er gusto vero
la mejo
sia quella de' somaro

Ner pane casareccio
nella rosetta se dice bene stia
ma in mezzo alla pizza bianca
è la morte sua

La accompagno
co' parecchia coca cola
e pare che 'r palato
piano piano s'ariconsola

Dopo
nun vojo aggiunge artro
perché me rimanga er sapore
almeno tre ore tre ore e 'n quarto

E quanno c'ho lei
preparo la mascella
perché devo gode'
assaporanno 'a mortadella!

ER GIURAMENTO

Trent'anni fa
come me altri trecento
nella bella città de Foligno
facevamo er giuramento

Partii de quell'anno
quasi un mese fa
quanno la guerra der golfo
stava in procinto de scoppia'

Destinazione
Umbria centro Italia
alle sette già in carrozza
ferrovie dello stato mica Trenitalia

All'arrivo
ce stavano a aspetta'
me ricordo tante file
cercavo er sole pe' potemme scalla'

Sveja presto
che se iniziava a marcia'
ma tanta neve
c'era prima da spala'

Giornate lunghe
tra strilli del caporale spocchioso
pensavi a quanno finirà
mettete sull'attenti e poi in riposo

Passavano
lunghe le giornate
pensavi alla libera uscita
pe' godette un po' le serate

Alla fine
un mese è passato
da Foligno a Civitavecchia
come elettricista destinato

Ma il 2 marzo a Foligno
del millenovecentonovantuno
in tarda mattinata se sentì
un coro forte, LO GIURO!

LA MAGLIA ROSA

Questa maglia
dai ciclisti tanto ambita
da chi suda e si arrampica
su una salita

Questa maglia
che va sempre onorata
e a chi se la merita
spetta di essere indossata

Perché non sarà mai
data come omaggio coi giornali
ma starà addosso
a chi spinge sui pedali

Sulla bici in piedi
o seduto sul sellino
veloce in discesa
o che scali l'appennino

Lo Zoncolan
o le cime di Lavaredo
mi brillano gli occhi
ogni volta che la vedo

Per un allungo
per uno scatto
o in testa al gruppo
per recuperare un distacco

Ancora più bella
quando arriva a braccia alzate
sul traguardo in volata
o in cima a montagne scalate

E alla fine sarà
sempre e solo lei la vittoriosa
e chi al giro d'Italia
all'ultimo arrivo vestirà in maglia rosa!

ER BORGO

Er sole
che lo illumina al mattino
riflette sulla guazza
per tera sur sanpietrino

Er muro che cinta
er castello come fortezza
da a 'sto borgo
infinita bellezza

Non c'è giorno
che qui dentro so' passato
non c'è angolo che
non abbia immortalato

Nei due archi
è affidato l'ingresso
appena entri il tempo
pare non sia più lo stesso

Devi solo decide
in quale dei due pòi accede
quello che all'occhi
prima je vòi concede

Il fascino de luci e colori
a primo impatto
o il passaggio nei vicoletti
da dietro quasi de soppiatto

In fondo te trovi
de Sant'Aurea la cattedrale
a completa' la bellezza
de 'sto borgo medievale

Un brivido corre
lungo la schiena
ricordi a valanga
come immagini entrano in scena

Chi l'ha vissuto
o chi l'ha visitato
je resterà dentro
una vorta qui entrato!

MAI ME NE FARÒ 'NA RAGIONE

Semo stati madre e fijo pe' poco tempo
te ne sei annata nel mese che so' nato
'sta vita che core nun ce da' scampo
ancora de più quer periodo sembra volato

Chissà se quanno hai capito
che nun ce l'avresti fatta che hai detto
qual è stato il tuo primo pensiero
se hai pianto sola dentr'a quel letto

Raccomannatte a quarcuno
che me guardasse cresce
quello che hai sofferto senza di gnente a nessuno
ripensacce ogni vorta er core me ferisce

Quer senso de amarezza
che dietro me so' portato
de nun riuscì a fatte vede'
quello che poi so' diventato

Porto tatuata ormai sul braccio
la tua ultima firma da un quaderno de scola
della tua assenza ragione nun me ne faccio
perché de mamma ce n'è una sola!

FESTA DELLA DONNA

Alle donne
'sta giornata è dedicata
è quella in cui
la donna va festeggiata

Sarò ripetitivo
ma nun me frega niente
la donna va festeggiata
quotidianamente

C'hanno messo ar monno
c'hanno dato la vita
ce appaiono ogni giorno
de 'na bellezza infinita

C'è ancora
chi purtroppo je fa' der male
nun so' abbastanza tutelate
contro la violenza fisica e morale

Truccate
o acqua e sapone
abbronzate
o bianche de carnagione

Ognuna
sfoggia la propria bellezza
affascinanti piene de
sincerità e schiettezza

Sensuale
forte e graziosa
energica
ma delicata come 'na rosa

Simpatica
colta e matura
mora o bionda
alta o bassa de statura

Casalinga
o donna in carriera
figlia e poi madre
bella cor sinale o come guerriera

Sarà sicuramente
una festa migliore
quanno non più maltrattate le donne
vivranno circondate solo dall'amore!

Foto di Alessandro Camilli

Er Borgo (Ostia Antica)

NE SARÀ VALSA LA PENA

Bisogna sempre ringrazia'
chi certi valori c'ha insegnato
de vive co' cognizione e onestà
e la strada giusta c'ha indicato

Avé sempre la coscienza a posto
senza rimpianti né rimorsi
mette l'artri ar primo posto
coi fatti e no solo coi discorsi

L'altra guancia sape' porge
senza pe' forza passà da fregnone
sape' apprezzà ogni giorno er sole che sorge
sorride e sape' ascorta' le persone

Non nascondo che spesso ho pensato
se ne valesse la pena vive a 'sto modo qua
come chi de 'sti valori non sa manco er significato
e vive in un'altra in una sua realtà

A chi er rancore se lo magna
o nun lo fa' dormì la notte che è peggio
nun deve cerca' corpevoli co' la solita lagna
basta che se guarda allo specchio se c'ha coraggio!

PAROLE

Parole che escono dar còre
parole pe' descrive 'n sentimento
parole nelle belle frasi d'amore
parole scritte in un momento

Parole messe dentro 'na canzone
parole de raccomandazione
parole che te lasciano de stucco
parole nascoste dietro a 'n trucco

Poche quelle della timidezza
a volte troppe quelle della schiettezza
parole che te fanno innamora'
belle nelle frasi da incornicia'

Parole urlate pe' difende i diritti
sussurrate se dette in piena notte
parole pe' onora' vincitori e sconfitti
e quelle che fanno male più delle bòtte!

Parole che vengono cantate
belle ancora de più se recitate
parole che nascono da dentro
parole dure come er cemento

Parole che vengono interpretare
parole che vengono celate
lì tra le righe a capì che c'è nascosto
parole dette al momento giusto

Parole dette e poi sperdute
parole famose che hanno fatto storia
parole che se ripetevano a memoria
quando dovevano esse spesso ripetute

Come una pietra
dopo che è stata lanciata
una parola detta
non po' esse più cancellata

Parole che aspettano l'ispirazione
dentro 'na poesia messe incastrate
parole che dar còre vengono dettate
messe in rima, pare danno più emozione!

CIAO PAPÀ

A quest'ora
tanta gente era stata avvisata
chi presto a bon'ora
chi dopo co' 'na chiamata

A dì co' 'n nodo in gola
che te papà nun ce stavi più
ascorta' quarcuno che me consola
speranno che già stai co' mamma lassù

Una cosa complicata
m'era rimasta da fa'
dillo a mi moje su 'n letto ricoverata
pensanno alle parole che dovevo usa'

Lei che pe' come te sapeva pija'
'sta cosa quanto me piaceva
te sapeva abbraccia' e bacia'
in un modo che nessun altro ce riusciva

Alcune parole dette da te
diventavano cortellate
quanno je dicevi "guarisci che devi venì da me"
durante le vostre telefonate

L'urtimo mese
è stato massacrante
le speranze a un filo appese
tra du' ospedali in un istante

E dopo 5 anni niente varia
'sto tempo non sembra manco passato
me manchi come l'aria
da quer giorno che te ne sei annato!

UN BRICIOLO DE RISPETTO

Che 'sto periodo c'ha cambiati
dall'inizio lo sapevamo
ma che certi ne uscissero peggiorati
quello no nun se l'aspettavamo

Accetto fino a 'n certo punto
chi se rifiuta de fa' er vaccino
ne prendo atto e a un fatto so' giunto
evito de annaje vicino

Evito anche de frequentà
quelli che hanno dato vita a un'altra moda
che volontariamente se vanno a contagià
se vantano pure de 'sta mossa idiota

Vanno dove ce so' positivi
a stretto contatto tra le masse
de vergogna ne so' privi
tutto come niente fosse

Pe' dimostrà chissà che poi
a mette in pericolo la vita
pensano de esse supereroi
ma ormai semo senza via d'uscita

C'è chi nun ha potuto sceje
e sta' intubato sopra un letto
a combatte una o più battaje
e voi manco un briciolo de rispetto

Nun te auguro giorni dolorosi
non cado nelle provocazioni
ma più che esse coraggiosi
dimostrate che sete solo 'na massa de cojoni!

NOZZE DE RAME

Quanno che
era quasi finita la giornata
la nostra
quella che non sarà dimenticata

Erano rimasti un po' di amici
che via non li avevo mandati
come se volevo non finisse
e resta' agli ultimi minuti aggrappati

Quel 2 maggio
di 22 anni fa
mejo de così
nun se poteva immagina'

Tante le cose in testa
poi appari te eri bella amore mio
t'aspettavo lì all'altare
pe' disse sì davanti a Dio

Le foto
i saluti de amici e parenti
tutto de corsa
pe' accontenta' tutti quanti

Entrati a casa
caccia al tesoro idea de qualche amico
a ripensacce adesso
a ciò che pronunciai ma non dico

Andati via
poi tutti quanti
rimasti soli coi regali
e li contanti

Così stava finendo
il nostro 2 maggio
pronti l'indomani
per il nostro viaggio

Da allora
nun se semo più stancati
né de viaggia'
né de esse innamorati

Noi che dopo 22 anni
è forte come allora il nostro legame
tanti auguri amore mio
per le nostre nozze de rame!

FESTA DELLA MAMMA

De ogni festa
ch'è stata comannata
quella della mamma
è quella che più m'è mancata

Non me stancherò
mai de dillo
ogni cosa
come sarebbe stato co' te a fallo

Sì i compleanni
i regali de natale
ma non pronuncia' più quer nome
ancora me fa' sta' male

Poche foto
dicevi che nun venivi bene
però quanno le riguardo
me fanno trema' le vene

E nun c'ho invidia
pe' chi ancora ce l'abbia
ma te ne sei annata giovane
è quello che me dà rabbia

Perciò ve dico amatele
voi che ancora ce l'avete
diteje ti amo te vojo bene
abbracciatela voi che la vedete

Prendete tutto
dai suoi consiji dai suoi sguardi
fatelo non lo rimandate
che dopo po' esse troppo tardi

C'è ancora chi
nun la vede o nun ce parla da tanto
nun riescono a capì
che è peggio un rimorso o un rimpianto

C'hanno dato la vita
e pe' ognuno la propria è la più bella
vorrei che fossero eterne
la mia ancora de più perché brilla su 'na stella!

CIÒ CHE RESTA

Resta tanta amarezza
quanno 'na persona cara se ne va'
te rassegni co' la consapevolezza
che forse così sarebbe dovuto annà

Resta pure la certezza
che de più nun se poteva fa'
o chi vive cor rimorso a capezza
che tanto avrebbe potuto dà

Rimane quello che è stato
pensi a come sarà er resto
apprezzi ciò che t'hanno insegnato
de più se c'hanno lasciato presto

Maggiormente sale la tristezza
pensando a un addio insoluto
ripensi all'emozione de 'na carezza
tanto più se nun j'hai dato un urtimo saluto!

ER PENZIONATO

Dopo 'na vita de sacrificio
tutti i giorni a lavorà
sia all'aria aperta che dentro 'n ufficio
hai raggiunto finalmente l'età

Coi contributi pure l'anzianità
la penzione da te tanto ambita
quarcosa sicuro da oggi va a cambià
che da adesso te godi la vita

C'è differenza da quel ch'era ieri
nun sentì la sveja te parrà strano
come passatempo sbircia' li cantieri
dietro la schiena incroci le mano

Nun da' retta a chi te dirà
perché nella vita tu hai già più che dato
che non servi più a 'sta società
risponneje io alla penzione ce so' arivato

Pure se te diranno
che er periodo tuo ormai è passato
a tempo pieno farai er nonno
in servizio pure da penzionato!

IL DONATORE

Basta un gesto
piccolo all'apparenza
ma che ad un altro
può allungare l'esistenza

Ci può essere la paura
o qualche esperienza precedente
nel periodo o posto sbagliato
a renderlo un po' diffidente

Basta poi trovare
non è mai tardi ti parte dal cuore
la voglia di aiutare
e diventare donatore

All'inizio parte l'ansia
poi la fase di convincimento
che l'ago non fa paura
al massimo un po' di mancamento

Sdraiato su una poltrona
in mano una palletta
pompi con la mano
speri di finire in fretta

Bastano cinque minuti
cinque minuti appena
poco più di una lattina
e la sacca è già piena

Non pensi
a chi sarà il destinatario
pensi alla prossima donazione
e già conti sul calendario

Sono sempre meno
coloro che possono donare
vincete la paura e pensate
che qualcuno potete salvare

Basta vedere negli ospedali
sacche appese rosse di colore
chissà se sarà il mio, penso
da orgoglioso donatore!

AL MIO AMORE

Senza de te chissà che avrei fatto
a 'sta cosa non c'ho mai pensato
a immaginamme se in quegli anni
io non t'avessi mai incontrato

Oppure sì, l'averti conosciuto
e se er destino non s'era incrociato
salutasse come amici
o co' la mano dopo esseme presentato

Chissà se fosse rimasto solo
quello sguardo della prima sera
e poi saresti sparita
come una chimera

Sarei più magro se al posto tuo
un'altra non sapesse cucina'
avrei scoperto molte meno cose
se non le fosse piaciuto viaggia'

Sicuramente non avrei amato
come ho amato fin'ora
e se devo sta' senza de te
solo er pensiero m'addolora

Quella domenica di 29 anni fa
stava passando, era quasi finita
quasi pronti pe' anna' a balla'
e invece me cambiò la vita

Non c'è un giorno che con te cambierei
quelli belli vanno ricordati
quelli brutti c'hanno rafforzati
ed io, io ti amo per ciò che sei!

EMOZIONI IMPROVVISE

A vorte la vita
te fa' vive certe sensazioni
te sceje le più belle
che diventano poi emozioni

Così senza che te l'aspetti
te entra in scivolata
te travolge come 'na valanga
come 'n onda nella mareggiata

Quanno torna poi la quiete
e te domanni che cos'era
tiri i conti finali
un resoconto de 'na giornata intera

Dopo che l'hai vissute
te resta un velo de nostargia
speri de tornà a rivivele
co' la stessa euforia

O aspettà
nuove esperienze
che nun poi programmà
dipende dalle circostanze

Quanno meno te lo aspetti
e capitano quelle improvvise
so' quelle più forti
e vanno esternate e condivise

Ve auguro de vive
sempre co' l'ambizione
che ogni giorno nun manchi
un sorriso un abbraccio e un'emozione!

LA CONSAPEVOLEZZA

M'aritrovo
'na vorta ogni tanto
a da' 'n po' de morale
a chi vedo o a chi sento

Posso dì
fortunatamente
che 'sta cosa qua
non succede de frequente

Ce metto pure
che me sento appagato
dopo che un conoscente
soprattutto un amico ho rincuorato

Quanno non c'avevo
manco 'n pelo su la barba
me ritrovai a capì che la vita
stava a prende 'na piega 'n po' bastarda

Me ritrovai
così de botto
senza 'na persona cara
come 'n treno quanno c'hai 'n impatto

Certo
io de 'st'esperienza
avrei voluto sentì la mancanza
avrei preferito stacce senza

Col tempo però ho pensato
alla fine, poi la metto
a chi po' esse d'aiuto
al suo cospetto

Allora me trovo
a parla' de getto
a da' 'n consijo
sincero, a core aperto

A chi adesso prova
cercando de esse d'aiuto
su ciò che sta' a passa'
avendolo purtroppo, io già vissuto

Parlando de 'na sofferenza
nel contempo dà leggerezza
io de esse capace
oggi ne ho la consapevolezza!

ER VALORE DER NATALE

Sembra se fa' sempre più fatica
porta' avanti 'sta tradizione
nun capimo quanto semo fortunati
festeggia' 'sti giorni co' le care persone

Se sente sempre meno
er periodo der Natale
ce lo ricordano gli odori er freddo
le luci che nun è 'n giorno normale

De sicuro quarcuno
strignera' un po' li denti
quanno marvolentieri
s'aritrova obbligato tra i parenti

C'è pure chi aspetta
er periodo de 'ste festività
pe' fasse 'na bestia o 'na tombolata
giranno la tovaja appena finito de magna'

Quanno toccava a noi
a scarta' li regali
quelli sì, quelli sì
che erano Natali

Quanno a scola
te mannavano 'n vacanza
sembrerà dica 'na boiata
ma pure dei compiti sento la mancanza

Chi lo passava fori
chi lo passava in famija
mo' cor vaccino e mascherina
pe' 'sta cavolo de pandemia

Allora oggi più che mai
ritrovamo quei valori de 'na vorta
spiegamojelo a le nove generazzioni
che nun po' anna' sempre storta

Sforzasse a capi' che 'sto giorno
nun è come l'artri è 'n giorno speciale
vie' 'na vorta l'anno
volemose più bene e a tutti buon Natale!

ER FAZZOLETTO

Ne so' passati 19 No'
da quanno te ne sei annato
manco sembra tutto 'sto tempo
perché fino a ieri t'ho nominato

Al massimo
t'avemo goduto
senza invidia o gelosia
t'avemo vissuto

Io il più piccolo
de sicuro m'hai coccolato
ma pe' tutti
il saggio eri diventato

I cent'anni
come traguardo l'hai passati
e i tuoi silenzi
li facevi diventa' parlati

I racconti della guerra
anche se li conoscevo a memoria
non potevo fa' a meno
de risentì quella storia

Venivi da noi
tutti i giorni
e quanno sto' a procoio
m'immagino come se ritorni

Sarebbe bello Nò
rivedette lì sotto
che me chiami come da ragazzino
te sudato e io, io te mettevo er fazzoletto!

DU' ANNI PESANTI

Du' anni so' passati
da quanno tutto è iniziato
il virus c'aveva beccati
ci fu il primo contagiato

Primo focolaio su a Codogno
la prima zona rossa
come un brutto sogno
bloccati senza fa' 'na mossa

Da lì se passò in fretta
a tutta la nazione
la mascherina che c'annava stretta
allerta e massima attenzione

Scene in TV mai viste
ospedali pieni, gente intubata
'na cura ancora nun esiste
agli scienziati la speranza è attaccata

La paura mentre facevi la spesa
su tutto quello che toccavi
la faccia scura e tesa
se pe' sbajo co' le mani l'occhi te sfioravi

Nun potevi la mano strigne
manco abbraccià 'na persona
la fiducia se annava a spegne
quanno esperti parlavano alla carlona

Poi finalmente
è uscito il vaccino
ha permesso a tanta gente
de sta' a quarcuno più vicino

Anche qui però a pensacce bene
nun so' stati del tutto sinceri
doveva esse la fine delle pene
soprattutto pe' medici e infermieri

Certo, stamo mejo
avemo allentato il restringimento
dopo tre dosi e un codice su 'n fojo
e rispettà er distanziamento

Se sta' a tornà alla normalità
er virus pe' tanti s'è ridotto a un'influenza
nun allentamo però l'attenzione per carità
ma armeno se riprennemo l'esistenza!

Foto di Alessandro Camilli

Er Tramonto (Africano)

MAMMA OSTIA

Bellissima quando all'alba
il sole la bacia da levante
maestosa e spettacolare
nei colori dei tramonti a ponente

In mezzo c'è lei c'è Ostia
in tutto il suo splendore
col pontile che imponente
entra deciso dentro il mare

Da due arterie a Roma è collegata
un'area pedonale in piazza Anco Marzio
unico in bellezza il lungomare
che va dal porto fino al dazio

Antica e moderna
ricca della sua storia
vie e monumenti
dedicati alla memoria

Qui puoi sentire
l'odore e il suono del mare
è ciò che purtroppo manca a chi
questo posto ha dovuto lasciare

Nell'entroterra
puoi trovare
ciò che nei secoli scorsi
sono riusciti a creare

Fino
all'impero Romano
lo vedi lo vivi
lo tocchi con mano

Ho vissuto a Procoio
ad Ostia Antica sono nato
chi come me è di Ostia
si può ritenere fortunato

Fortunato
di vivere questa meraviglia
lei Ostia come una mamma
che tiene stretti noi, la sua famiglia!

QUI TRA VENTO E CICALE

Nelle colline Treiesi
qui tra vento e cicale
ce tornamo l'estate perché
non se sta' pe' gnente male

Caldo fa' caldo pure qua
come nelle città metropolitane
solo che qui regna la pace
de fame nun te mori coll'olive ascolane

Seduto all'ombra
i foji volano cor vento
ma spero duri in eterno
come sto' a vive 'sto momento

Ripartono le cicale
co' le ali a sfregasse
si se movono più le fronne
so' capaci de zittisse

Me fanno compagnia
pare surreale quello che sto' a vive
intanto insieme a loro
prenno la penna e me metto a scrive!

INNAMORATI DE 'ST'AMICIZIA

Quanno volemo rivedesse
er giorno e er posto decidemo co' facile intesa
a aspetta' de incontrasse
ce fa già sta' bene pure l'attesa

Sembra come raggiunge la sposa
da parte de 'n innamorato
'na scerta gioiosa
pe' porta' avanti ciò che avemo creato

Così de domenica a bon'ora
se mettemo in viaggio
de 'n abbraccio la voja s'assapora
tajamo l'Italia in due compreso er pedaggio

Cercamo la puntualità
perché c'avemo dell'artri er rispetto
e quanno li vedremo arriva'
se l'abbracciamo stretti ar petto

Quanno stamo insieme
er tempo purtroppo vola
ogni minuto annamo a spreme
da esse vissuto come in moviola

Quanno è er momento
de ripartì verso casa
cor cielo verso er tramonto
la testa de bei ricordi è invasa

Che se vai a pensa'
dopo due anni che tutto inizia
la promessa de replica'
perché semo innamorati sì, ma de 'st'amicizia!

SEMPRE NOI CE RIMETTEMO

Tutto se annava a penzà
appena svejati stamatina
meno che a la radio se dovesse ascortà
che la Russia ha attaccato l'Ucraina

Le notizie corrono veloci
ner ventitreesimo secolo
de 'sti attacchi vili e feroci
sarvasse sarà già un miracolo

Pe' quale motivo poi
nun lo sai nun lo senti
a perde saremo sempre noi
co' la solita strage de innocenti

Sui social video e immagini
che sembrano videogiochi
lampi macerie e voragini
funghi in cielo e fiamme de fochi

Quello che più va a corpì
dei piccoli lo sguardo impaurito
chissà se un giorno riusciranno a capì
il motivo de tutto 'st'accaduto

Chissà se anche noi lo capiremo
del perché de 'sti fattacci
che tanto alla fine ce rimetteremo
sempre e solo noi i soliti poracci!

CHE STA' A SUCCEDE?

Questi so' giorni che
te fanno sta' cor fiato sospeso
pe' quello che sta' a succede
a un popolo indifeso

Certo che co' quello ch'è successo
benché grave sia
come pe' paradosso
c'ha fatto quasi dimenticà la pandemia

Semo passati senza interruzioni
da numeri de terapia intensiva
a immagini de distruzioni
de 'na guera ancor più cattiva

E alla fine
paga sempre quella gente
che de 'ste guere
nun c'entra mai gnente

Che ne farebbe a meno
che non l'ha mai volute
invece ogni secondo
rischiano sotto bombe cadute

Qui se rischia
ogni giorno de annà peggio
e che la vita de ognuno
sia in balia de 'n sorteggio

Po' annà bene o annà male
più o meno fortunato
svejasse cor cielo sereno
o cupo e bombardato

Pe' 'na mente malata
a causà tutte 'ste pene
speriamo finisca presto
'sto sòno delle sirene

Perché 'sti fanatici
so' sostenuti da parecchie persone
e chissà se tra quarche anno diranno pure
che aveva fatto anche cose buone!

LA FINESTRA CO' LA LUCE ACCESA

'Na parte de te mamma
sta' in quel padiglione
dove tanti anni fa
sembrava normale amministrazione

Invece
quella volta te ne andasti via
senza nemmeno
rivedé casa tua

Ogni vorta
passando lì sotto guardo a destra
vie' automatico
butta' l'occhio su quella finestra

Cerca' e trova' posto
sotto a quer settore
pare esse riservato
dar posteggiatore

Se poi la cosa se fa' seria
e la speranza resta appesa
sapemo che ce stai
da quella finestra co' la luce accesa!

I VIGILI DER FOCO

Luci blu lampeggianti
corrono a sirene spiegate
nun se sa se pe' 'n incendio
o se ce so' zone allagate

Chiunque da regazzino
voleva esse come loro pe' gioco
nella realtà rischiano ogni giorno la vita
e so' i Vigili del Fuoco

Quanno li vedi passa'
te fanno sentì fieri
de corsa verso 'n'emergenza
più famosi come pompieri

Addestrati ad ogni pericolo
ad ogni tipo de intervento
so' cinque in una squadra
ma lavorano pe' cento

Sott'acqua
coll'idrante o sulle scale
a scava' tra le macerie
in mezzo alla neve o sotto ar sole

Maglie sudate
stanchi allo sfinimento
vanno avanti giorno e notte
e dalla bocca manco un lamento

Er giorno de Santa Barbara
li ricordamo ma è sempre poco
grati ogni giorno perché in caso de aiuto
ce stanno loro ce stanno i Vigili der Foco!

L'URTIMA SPARATA DELL'ANNO

Appuntamento
a metà settimana
dove pe' tanti ebbe inizio
su ar tiro a volo la Pisana

Se dovemo vede' presto
quanno er sole arto sta'
che dopo se fa' notte
e nun potemo più spara'

Puntuali
semo arrivati
subito li caffè
normali, ristretti oppure macchiati

Se parte co' lo skeet
a frantuma' piattelli
prima er Pull poi er Mark
simultanei so' ancora più belli

Passamo poi ar campo sei
tutto nei tempi, tutto de corsa
carica e scarica
lo zaino er fucile e pure la borsa

Gruppo compatto
compreso er pulliere
cartucce che volano
da tutti i pizzi, de tutte le maniere

Se ride se scherza
nun c'è rivalità
anzi sempre pronti
se c'è quarcuno da aiuta'

Cala er sole se famo l'auguri
occasioni simili sicuro nun mancheranno
ma questa resterà unica perché
è stata l'urtima sparata dell'anno!

DIETRO UN VETRO

La pioggia che cade lì a un metro
quest'acqua segno di ricchezza
ed io da dietro un vetro
penso con tanta tristezza

Asciugo un occhio
prima che qualcuno scorga
fingo guardando il ginocchio
senza che nessuno se ne accorga

Perché piangere davanti a qualcuno
e poi essere consolato
non è come piangere davanti a nessuno
da quando solo mi hai lasciato!

ER CONTRASTO

Devi conosce la solitudine
pe' apprezza' la compagnia
devi conosce la tristezza
pe' apprezza' la felicità

Ma c'è 'na cosa che
senza contrasto se po' fa'
non devi conosce l'odio
pe' esse capace de ama'!

SO' QUELLI

Delle proprie scerte
uno ce deve anna' fiero
delle proprie decisioni
uno ne deve esse condottiero

Che tanto
bravo o no che sei stato
dall'artri
sarai sempre giudicato

So' gli stessi
che nun movono paja
so' quelli che
te vonno fa' passa' 'a voja

So' i primi
a puntatte er dito
ma quello che hai fatto
manco l'hanno capito

So' quelli
che te rovesciano a medaja
so' quelli che quanno c'è vento
vedi er dietro della foja

Fregatene e tira avanti
nun dubbita', nun avé esitazione
che gente così da te
nun merita manco 'na spiegazione!

BENVENUTO 2022

Te volemo da' fiducia
come data a quelli passati
nun ce fa' poi pentì
che a te se semo affidati

È che come so' annate
le cose urtimamente
s'aspettamo tanto da te
a nun esse dell'artri coerente

Cosa importante la salute
dacce poi la serenità
facce uscì da 'sto caos
portace ad un'altra realtà

Speriamo che stavorta
quarcosa se riesca a cambia'
de aristrignese forte le mani
de potesse de novo abbraccia'

Me viene quasi voja
de pregatte pure in ginocchio
de esse l'anno de la svorta
e nun esse uguale a quello vecchio

Certo nun te chiedo
tutto e subito vorrei vede'
c'hai dodici mesi
ma armeno prima che scatta er ventitré

Perché de mascherine
distanziamento e de tamponi
io come tutti l'artri
posso dì che se semo rotti li cojoni!

TORNEREMO AMPLIFICATI

Convive co' 'sta pandemia
quarcosa c'avrà pure insegnato
pensavamo de esse cambiati
dopo quello che c'è capitato

Certo che qualcuno
di sicuro sarà migliorato
quarcun altro ve l'assicuro
de tanto è peggiorato

Appagato
chi è sempre stato altruista
incattivito
chi al contrario era egoista

Alla fine
sia nel bene che nel male
saremo diversi
in modo esponenziale

C'è quello che era già bono
e quello che c'aveva la faccia de bronzo
il primo come al solito passerà da fregnone
l'altro che già era, sarà ancora più stronzo!

Foto di Alessandro Camilli

...faccio vola' du' petali de rosa...

NON CAMBIEREMO

Non cambieremo
se c'è chi non ricorda la storia
non cambieremo
se c'è chi ha cancellato la memoria

Non cambieremo
se qualcuno ha dimenticato
chi in una lotta o una guerra
il sangue per noi ha versato

Non cambieremo
se c'è chi ancora elogia chi ieri
si dica avesse fatto cose buone
coi pieni poteri

Non cambieremo
né oggi né domani
se ancora c'è gente fanatica
di svastiche e saluti romani!

LA GIOIA DI UN MOMENTO

Me ne hai dati tanti
e quanti ancora me ne darai
di baci e abbracci
quando vorrò e quando vorrai

Ma quello di ieri sera
è e sarà speciale
anche se ero travestito
da babbo natale

Spero lo scoprirai
il più tardi possibile
credi sempre nelle favole
e sarai invincibile

Credi nei sogni
quelli a occhi chiusi o aperti
purché brillino sempre
sicuri o incerti

Avrei voluto
il dono dell'ubiquità
per stare fuori e dentro
e godere della tua felicità

Di quel viso sorpreso
del sogno che diventa vero
avertelo realizzato io
mi fa' sentire fiero

Di averti dato
benché diventerà un'illusione
la gioia di un momento
con dentro un'emozione!

L'INCLINO

Quanti sogni infranti
sull'isola del Giglio
quante vite perse
pe' corpa de quello scoglio

Dovrebbe esse nominata
pe' quer mare bluastro
da dieci anni ricordata
solo pe' quer disastro

Mossa azzardata e rischiosa
der capitano Schettino
gradasso e deciso
de vole' pe' forza fa' l'inchino

Più vicino alla costa
al limite ha voluto vira'
pe' saluta' l'isolani
la nave ha fatto inclina'

E pure chi c'è salito su quelle navi
prima o dopo 'st'avvenimenti
anche a prova' a immagina'
nun po' sape' com'è vive quei momenti

Ripensi a chi nun ce l'ha fatta
a chi s'è sarvato
a chi ha ceduto il suo posto
a chi dopo, er serfie s'è scattato

Tanti italiani come me
fino alla sera prima
nun sapevamo manco
cosa fosse la biscaggina

E de tutta 'sta tragedia
in una frase se po' racchiude il ricordo
dopo un gesto pe' tutti vile
"Comandante le ordino di risalire a bordo!"

DAI 16 ANNI IN POI

Le domeniche intere passate
in modo che non tanto amavo
a quelle mezze
che presto a casa ritornavo

Erano quelle che desideravo
dovevo esse più contento
ma te non c'eri più
il prezzo pagato non doveva esse così tanto

E me ritrovo
a cerca' qualche ricordo perso
a immagina'
co' te come sarebbe stato diverso

Appare 'na foto
dove sorridevi
dai colori dai toni grigi
chissà che pensavi

Chissà che pensavi
a quanno ricamavi
a quanno me vedevi
o quanno la bandiera me cucivi

E me fa' difficile
a immagina' a ricordasse
me fa' ancora tanto male
vorrei quasi che la testa dimenticasse

In 16 anni
m'hai riempito d'amore
ma gli altri 33 mà
giuro l'ho vissuti cor dolore!

QUER MOMENTO

Ricordi che riaffiorano
davanti a 'n caffè in pasticceria
canzoni ascoltate alla radio
che i pensieri mannano via

Così a mezza mattinata
so' investito da 'sta nostargia
che te la senti salì dentro
co' 'n velo de malinconia

Ed è piacevole
a ripensà ar passato
rivedé come frammenti
ciò che la vita c'ha regalato

Ancora de più
chi in questa vita co' noi ha vissuto
e tutto quello che c'hanno insegnato
pe' noi non sarà mai perduto

Me pija quer brivido
misto a 'n po' de marcontento
vorrei che durasse de più
ma è 'na sensazione de 'n momento

Me lo tengo stretto
e pe' potello mejo descrive
ascolto ciò che me detta er core
prenno la penna e me metto a scrive!

QUANNO NUN RESPIRO

Io de qua
a cercà quarche distrazione
te de 'llà che adesso dormi
io che pe' te sto' in apprensione

Pe' 'sto maledetto
attacco virale
e io nun vivo
quanno te stai male

Me prennerei io tutto
se potessi a me lo attiro
che quanno te lamenti
io proprio nun respiro

Me faccio forza
me faccio coraggio
ogni tanto 'na carezza
ogni tanto un massaggio

Te accarezzo la mano
pe' fa' sentì la mia presenza
t'aggiusto i capelli
ma me sento addosso l'impotenza

De poté fa' quarcosa
de poté esse d'aiuto
ma più vado avanti
e più me sento sperduto

Te tartasso de domande
pe' sapé se stai mejo
ma dalle facce tue
capisco quanto sbajo

Ma c'ho bisogno de capì
me basta un cenno de sì
er core me se apre
è servito pregà mi padre

E alla tua commozione
nel rimbocco delle coperte materno
so' crollato pur'io pensanno che
chi fa' 'sto gesto dovrebbe esse eterno!

QUESTO SO' IO

Der mese de luglio
ecco l'otto sbucà da dietro 'n vicolo
come se un libro sfoglio
oggi inizio er cinquantesimo capitolo

Dovrei esse nato de mattino
se le carte nun so' scritte male
e so' cancerino
come segno zodiacale

Mo' de 'sta cosa qua
a quarcuno nun je fregherà niente
ma ce tengo a precisà
che lo so' pure come ascendente

So' sempre stato timido
sin da piccolo vergognoso
ma dal viso limpido
cor dentro burrascoso

Indeciso
ma dar core e animo boni
pignolo e assai preciso
spesso… un bel rompicojoni

So' er primo se c'è da ride
amo sta' in compagnia
me sazio se uno sorride
non amo l'ipocrisia

Me reputo uno sincero
uno onesto e leale
cerco de esse sempre vero
e co' le fregature ce rimango male

Da piccolo nun magnavo
a mi madre ho fatto dispera'
c'ho messo un po' che nun parlavo
mo' pe' fermamme me dovete spara'!

Me piace co' 'na barzelletta
trova' 'na risata come reazione
butta' giù du' rime in fretta
pe' tira' fori 'n'emozione

De mi moje innamorato
a più non posso
hobby preferito
spara' e tifa' giallorosso

Questo penso d'esse io
il resto aggiungetelo poi
ma ringrazio sempre Dio
de avé conosciuto ognuno de voi!

INDICE

Pag.	Titolo
5	SCRIVE 'N'EMOZIONE
7	ALL'AMICIZIA
8	ANGELI IN CAMICA BIANCO
10	L'ABBRACCIO
12	FESTA DEI NONNI
13	LA FARFALLA
16	NOZZE DI CRISTALLO
17	LA PRIMAVERA
19	AI TEMPI DER CORONA
21	ARRIVEDERCI SETTEMBRE
23	T'AVREI VOLUTA AVE'
24	IL BALLO
26	ER MARE
28	SAN VALENTINO
30	A MIO PADRE
32	'NA STRETTA DE MANO
34	LA ROSA SILVANA
36	LA LUNA
38	'A FELICITA'
40	L'ESTATE
42	L'ISPIRAZIONE COSI' DE BOTTO
44	FINIRA'
46	PASQUETTA
48	L'ELETTRICISTA
50	19 MARZO
51	I VALORI
53	29 APRILE
55	LE ORME
57	ER RISPETTO
59	IL TIRO A VOLO
61	LE MARCHE
63	IL GIORNO DEL RICORDO
65	QUEL SI' DE 54 ANNI FA
67	PAPA'
70	SETTEMBRE
72	CERTI POSTI
74	PASSERA'
76	ER NASONE
78	NOZZE DI ROVERE
80	DAL DENTISTA

Pag.	Titolo
83	TRE ANNI SENZA DE TE
84	L'ODORE DELLA CANTINA
86	'A CARBONARA
87	'A CORATELLA
88	'A PAJATA
90	AUTUNNO
92	FACCIO TARDI
93	'STO GIORNO MALEDETTO
95	OGNI TIPO DI PISTA
97	VENERDI'
99	ER DERBY DE ROMA
102	PICCOLO GIGANTE
104	GLI STESSI GIORNI VISSUTI
106	IL GIORNO DELLA MEMORIA
109	28 ANNI VISSUTI INSIEME
111	LI GNOCCHI
112	L'OLIVETO
113	'E PAPPARDELLE
114	LA LIBERAZIONE
116	L'AUMENTO
118	QUANNO PARLO DE TE
120	PROCOIO
123	ANNAMO AVANTI O INDIETRO?
124	OGNI SANTA DOMENICA
126	UN SOGNO CHIAMATO MAMMA
128	LA VITA CHE CAMBIA
132	XXI APRILE
134	ER RAVIOLO
135	'STI GIORNI
136	LA CIOCCOLATA CALDA
138	QUEL MALE INFAME
140	FERRAGOSTO
142	DA SOLO ALLO STADIO
143	FACEBOOK
145	ER TRAMONTO
146	L'AMORE
148	BUON NATALE
151	AUGURI MAMMA
153	AMATE NON VIOLENTATE

Pag.	Titolo
156	LUPUS CLINIC
159	ERAVAMO TUTTI ZORO
161	ER RAGU'
163	'E TRE CARTE
165	LA BEFANA
167	NE DOVEVAMO USCI' CAMBIATI
169	ASPETTA A CRESCE
171	ER PRANZO DE NATALE
173	LA GRICIA
174	UN ANNO DI EPIDEMIA
176	'A MORTADELLA
178	ER GIURAMENTO
180	LA MAGLIA ROSA
182	ER BORGO
184	MAI ME NE FARO' UNA RAGIONE
185	FESTA DELLA DONNA
188	NE SARA' VALSA LA PENA
189	PAROLE
191	CIAO PAPA'
193	UN BRICIOLO DE RISPETTO
195	NOZZE DE RAME
197	FESTA DELLA MAMMA
199	CIO' CHE RESTA
200	ER PENZIONATO
201	IL DONATORE
203	AL MIO AMORE
205	EMOZIONI IMPROVVISE
207	LA CONSAPEVOLEZZA
209	ER VALORE DER NATALE
211	ER FAZZOLETTO
213	DU' ANNI PESANTI
216	MAMMA OSTIA
218	QUI TRA VENTO E CICALE
219	INNAMORATI DE 'ST'AMICIZIA
221	SEMPRE NOI CE RIMETTEMO
222	CHE STA' A SUCCEDE
224	LA FINESTRA CO' LA LUCE ACCESA
225	I VIGILI DER FOCO
227	L'URTIMA SPARATA DELL'ANNO
229	DIETRO UN VETRO

Pag.	Titolo
230	ER CONTRASTO
231	SO' QUELLI
232	BENVENUTO 2022
234	TORNEREMO AMPLIFICATI
235	NON CAMBIEREMO
237	LA GIOIA DI UN MOMENTO
239	L'INCLINO
241	DAI 16 ANNI IN POI
243	QUER MOMENTO
244	QUANNO NUN RESPIRO
246	QUESTO SO' IO

Printed in Great Britain
by Amazon